识干家

企業閱讀　學以致用

3A顾问精益实践❶

IE与效率提升

党新民　苏迎斌　蓝旭日◎著

中华工商联合出版社

图书在版编目（CIP）数据

3A 顾问精益实践：IE 与效率提升 . 1/党新民，苏迎斌，蓝旭日著 . —北京：中华工商联合出版社，2015. 12

ISBN 978-7-5158-1496-4

Ⅰ . ①3… Ⅱ . ①党… ②苏… ③蓝… Ⅲ . ①企业管理－研究 Ⅳ . ①F270

中国版本图书馆 CIP 数据核字（2015）第 255791 号

3A 顾问精益实践 1：IE 与效率提升

作　　者： 党新民　苏迎斌　蓝旭日
责任编辑： 于建廷　效慧辉
责任审读： 郭敬梅
封面设计： 久品轩
责任印制： 迈致红
出版发行： 中华工商联合出版社有限责任公司
印　　刷： 三河市文阁印刷有限公司
版　　次： 2016 年 5 月第 1 版
印　　次： 2016 年 5 月第 1 次印刷
开　　本： 710mm × 1000mm　1/16
字　　数： 200 千字
印　　张： 14. 75
书　　号： ISBN 978-7-5158-1496-4
定　　价： 68. 00 元

服务热线： 010－58301130
团购热线： 010－58302813
地址邮编： 北京市西城区西环广场 A 座
19－20 层，100044
http：//www. chgslcbs. cn
E-mail：cicap1202@ sina. com（营销中心）
E-mail：gslzbs@ sina. com（总编室）

博瑞森图书：企业阅读　本土实践

亲爱的读者朋友：

也许您是博瑞森图书的老读者，也许是新朋友，欢迎您阅读博瑞森图书！

当今中国，各行各业都存在着转型升级的压力与机遇。博瑞森图书与您一同应对转型挑战并发现其带来的机遇。

我们一直在问：什么样的书能为您解决管理难题并带来启发？

我们一直在找：哪些作品能帮助企业从跟随到领先？

我们一直在做：把最好的作品以最便捷的方式呈现给您，纸质版、电子版、书摘邮件、微信……

我们策划图书的原则是：

- 企业阅读——与您一样，做水中的游泳者，而非岸上的观众或教练，企业的困惑就是我们的任务。
- 本土实践——与您一样，立足本土环境，追求卓越实践，传播最适合当下中国企业的管理之道。

我们也向所有的企业管理者、管理咨询专家和企业研究者征稿，让更多被实践检验的好思想、好方法迸发出来，为企业助力！（bookgood@126.com 或 QQ：1963328416 或手机号 13611149991，绝非“自费出书”，不向作者收取任何费用）

如果有一天，您把博瑞森图书视为您优秀的事业伙伴、管理助手，我们也就实现了自己的梦想。

博瑞森图书

总序

效率改善的实质

一、不能让人来人往、繁忙无序的车间成为中国工厂的“影像”

作为职业的管理顾问师，一年中大部分时间都在企业做辅导。一次，我们为一家知名的国内企业做效率提高项目。该企业在过去十余年里，一直使用这些方法来提高效率：领导根据市场增长需求提出人均增加产量目标，然后发出通知，完成约定目标给予奖励，没有完成的给予罚款；接下来，车间主任召开动员会，宣布奖惩细则。

我们问：“凭这种奖罚方法能实现目标?”他们说：“那当然，如果不实现是要罚款的!”于是，我们询问现场班组人员：“你们是如何实现增产目标的，采取了什么改善措施?”班组人员回答：“以前是早上 9 点上班、晚上 9 点下班，现在为了实现目标，夜里要加班到 11 点、12 点，早上还要提前 1 个小时上班。”

原来，该企业是通过延长每日工作时间来完成人均日增产量，从而实现效率提升的。难怪我们在现场看见生产线稍微有点异常停线，员工便立即就地睡着。凌乱、没有梳理的头发，肮脏、褶皱、很久没有清洗的工作服，疲倦、缺乏活力的年轻面孔，繁忙无序、废液四溅的车间……难道这就是中国工厂留给人们的“影像”吗?

企业在不断提高自身经济效益的同时，千万不要忘记员工的进取心和忍耐力。虽然，人们为了自己的未来发展、为了家庭成员能过上好日子，可以远离家乡、可以每天睡 6 ~7 个小时，可以一个月不休息，可以……可是企业的管理人员也不能滥用我们的进取心和忍耐力，不能将偶尔使用的应急加班当成长期习惯。好在现在国家已经开始用《劳动法》等法律手段约束企业，有社会责任感的客户也开始评价供应商的职业安全健康实施标准等。

二、效率改善的实质

我们在给企业进行辅导时，首先进行了简单的实用 2 小时培训，用本套书提到的联合作业分析法，动用摄像机、照相机等设备，到现场去观察员工作业动作。只用了三天，就发现了该企业存在的 589 个工序问题。然后我们开始动员员工动脑筋做改善。例如，原来某个较大部件，工人一次只能拿 1 个，来回要走 30 多步；通过改善，距离减少了 3/4，工人来回一次只要 7 步，一次可以拿 4 个，使该作业效率提升了 5 倍。之后的 3 个月，该企业的基层干部和员工共实施类似改善事例 300 多项，使企业效率提升了 35%。第 5 个月，我们邀请企业老总到现场巡视、体验改善的成果，由实施过改善项目的员工担任讲解员。老总参观完现场提问：“这么多改善，发了多少奖金?”我们回答：“只有改善得到了实施的才发奖金，300 多个改善，每个改善平均为 10 元，合计 3000 多元。”老总感叹道：“我们的员工真的非常有智慧、非常聪明，虽然只有区区 10 元的奖金，但他们却依然满怀激情地投入改善中，真是可敬可叹啊!”

所以，效率改善的实质不是在肉体上、精神上提高强度与速度，也不是靠勉强的动作来提高效率，而是通过削除无价值的作业及不均匀、不平衡等现象，通过经济、舒适、安全的作业来提高效率及创造价值。在效率改善过程中，通过员工自主改善来降低劳动强度、提高效率，让员工获得利益的同时也让企业获得利益。

作为管理者，要提高企业的效率，仅仅依靠设定目标和考核是远远不够的，你还必须到现场与员工一起参与改善。我们看到许多企业的门前都竖着一个巨大的牌子，上面写着“世界最大的××制造基地”，然而事实却并非如此，每条生产线上，员工在作业中不创造价值的动作一般在50%以上。例如，流水线节拍为8秒，员工从流水线拿放一次产品为1.5秒；打紧一个螺钉仅仅需0.5秒；拿和放螺丝刀、螺丝等需要3秒；人员工作安排不平衡，每次空闲2~3秒。该员工创造价值的工作率仅仅为6.25%（0.5秒/8秒）。尽管企业有超大的厂房、极多的员工、超长的工作时间和超低的薪酬，却没有高效率的生产和高水平的管理。

三、效率改善呼唤专业主义的到来

职业化并不意味着专业化，因为职业化只代表一个人达到了良好员工的行为标准，而专业化则是人的能力和影响力的体现。

无论你多么职业化，请脱去西装的伪装，展露你的真实能力，运用你的影响力来证明自己在专业上的真正价值。从职业化走向专业化，这是一个升华的过程。

今天，企业界中“不信算盘信罗盘”的管理人员仍然不少。客户问：“前两次你们已经做得很糟糕了，这一次凭什么你们能做好?”经理答：“因为我们有决心将它做好，因为我们已经失败过两次，所以这次我们一定能做好!”仅凭这样的回答，客户能相信你吗? 恐怕只有在电视剧中才可能出现。这位经理没有对前两次失败的原因进行分析并提出改善的具体方法，仅仅掌握了职业经理人的语言回答技巧，因而我们说他是职业化而不是专业化。

专业化是要控制感情并理性行动，不仅要具备较强的专业知识、技能，还要把顾客放在第一位，永远具有好奇心和进取心，严格遵守纪律。只有具备这些条件的人才能称之为专业化，那些处理事务情绪化的人，其实是在用感性来掩盖专业能力的不足。

专业主义精神是一种专注、敬业的精神。它意味着精益求精、孜孜不倦，意味着个人能力、素质的不断提高。对于企业的每一位员工，我们要说的是：你很职业化，但更应该专业化。

在现实世界中，我们越来越需要逻辑这一“商业语法”，在专业化的过程中，逻辑是必不可少的，它也是全球唯一通用的语言。人们在讨论问题时，会因为情绪化而陷入混乱，只有依靠逻辑来解决问题才是最客观的。外行靠感情、靠经验，专家靠逻辑。本套书就是要为你提供制造业效率分析的逻辑。

从科学管理之父泰勒开始，效率改善就已经成为了一门注重逻辑与方法的学科。而且专业化并不否定激情，相反，还需要“专业主义激情”。所谓“专业主义激情”，就是一种不怕失败、反复实验找到问题真正的、具体的原因和对策的精神，是一种简单而富有成效的“愚公”精神。

四、效率改善需要团队精神

要实现效率改善，企业还要营造相互信任的组织氛围。相互信任会对组织中每个成员都产生影响，尤其会增加员工对组织的情感认可。相互信任是一个组织最坚实的基础，它能给员工一种安全感，让员工真正认同公司，把公司当成自己的家和发展的舞台。

管理者在实施效率管理的过程中要关爱下属，要经常深入现场了解问题并解决问题，亲手写教材、亲身做改善案例，然后用这些实际鲜活的事例亲自培训教育员工，让员工在自身教育与实际案例的启发下，不断就本工序做各种改善，并为他们提供展示能力的舞台；让员工都成为本工序的专家，不断提升职业素养。只有这样，效率改善才能在众人的共同努力下，以团队推进的方式来完成。

在组织内一定要慎用惩罚。从心理学的角度讲，如果要改变一个人的行为，有两种手段：激励和惩罚。激励有利于增强员工对企业的正面认同，能持续提高效率；惩罚会导致行为退缩，会让员工觉得自己对企业没有用，进而也否定企业。事实上，经常性的失败与员工素质的关系并不大，主要是没有找到正确的方法。下一次再做同样的工作时，由于受到过严重的惩罚，员工就可能出现恐惧、厌烦甚至拒绝的情绪；一旦再次失败，员工便会采取欺骗、隐瞒、销毁、做假等手段来避免惩罚。当很多员工都这么做时，企业的文化和团队精神便会消融。

建立有效的沟通机制，建立畅通的沟通渠道，进行频繁的信息交流，可以使团队成员之间的关系变得和谐，工作容易出成效，目标就能顺利实现。所以，高层一定要把企业确定的长远发展战略和近期目标下达给下属，并保持沟通。作为总经理，要经常到基层、现场与员工进行面对面地交流。很遗憾，许多企业的员工仅仅知道老板叫什么，却从未谋面，更谈不上交流了。例如，在效率改善中，发现企业生产流程有问题，于是分为不同的改善小组，每个季度举行一次现场改善交流诊断会，让员工同总经理等高层直接交流，让基层员工直接聆听高层的期许，让高层感受到基层的智慧和看法。

企业需要把挂在墙上的“创造卓越”的口号转化为真实行动和全员行为。企业运用各种方法来发现问题、认识问题，将暴露出来的问题归类，列出需要改善的课题，由中高层担当焦点课题的负责人。记住两点：一是管理人员一定不要进行遥控管理，应该深入一线去协助基层员工解决问题，并且掌握解决问题的方法和逻辑；二是中高层也必须认识到生产过程的创新主要是在一线完成的，必须让基层员工发挥更大的作用。因此，要注重基层员工素质和能力的提升。

从经营层到普通员工，要共同营造持续改善、以激励为核心的企业文化，让企业从“世界最大××制造基地”变为“最具增长力，最和谐，最让客户、社会、员工、股东满意的企业”。

目录

第一章 工业工程在制造行业的应用

工业工程（以下简称 IE）追求效率，竞争也追求效率，IE 可以成为很好的竞争工具。我曾经说过，世界上的国有企业一般都不重视成本、效率，重视的是能不能掌握自我技术、能不能用垄断壮大企业规模。而能否有效率地使用这种技术，人们甚少去探讨。中国经济改革开放已超过 35 年，加入 WTO 也已经 15 年，经济必须跟世界接轨，竞争就变成了生存的第一要务。竞争必须讲究效率，讲究效率必须善用 IE。所以 IE 已经成为今天中国的一门显学，发展潜力无限……在我的心目中，模具是工业之母，IE 就是工业之父。

“IE 无所不在”，这个口号我是很欣赏的。做事情，也许 IE 分析手法不能为你提供最完美的办法，但它总有更好的办法。经营效率管理所涉及的一切，从研究、设计、开发，到制模、产品制程、供应链管理，甚至包括衣食住行在内的员工关系管理，都是 IE 可以发挥的空间，所有的工作岗位都应该借机学习 IE，善用 IE。我们现在需要的，正是“人人参与、事事 IE”。

——富士康总裁郭台铭谈工业工程

1 工业工程是什么

一、工业工程（IE）的定义

IE 的本质就是不断追求以更安全、更舒适、更经济、更快速、更好的品质去完成工作。IE 工程师的座右铭：“永远不变的是‘变化’。”

一个和尚挑水吃，两个和尚抬水吃，三个和尚没有水吃。三个和尚在经历了口干舌燥后，坐在一起商量合作分工，寻找省时、省力又公平合理富有效率的办法。最初的办法是轮值挑水，这样比较公平，又都能喝上水。过一段时间，三人都觉得到轮值下山挑水特别辛苦，通过议论，又想出在山上做吊水装置，挑水减少走95%的路程，每人轮值时都轻松许多。

从上面这个事例我们可以看出，三个和尚为了解决吃水难的问题，想出了不少办法，并且通过改善，提高了挑水工作的效率。这恰恰体现出了 IE 的本质，那就是不断追求以更安全、更舒适、更经济、更快速、更好的品质去完成工作。

到底工业工程（IE）是什么？我们还是先借用权威的定义来说明。

美国工业工程师学会（AIIE）在 1989 年对 IE 的定义为：“实现规划、设计、实施与管理生产和服务（保证功能、可靠性、可维修性、日程计划与成本控制）系统的带头（Leading）职业。这些系统可能是自然界的社会技术，通过产品的生命期、服务或程序，完成人员、信息、原料、设备、工艺和能源的集成。”其目标为“达到盈利、效率、效益、适宜性、责任、质量、产品与服务的连续改善”，所用的知识和方法“涉及人因和社会科学（包括经济学）、计算机科学、基础科学、管理科学、通信技术、物理学、行为学、数学、统计学、组织学和伦理学”。

这个定义对于没有运用 IE 工具进行实际改善的人来说比较难以理解，再看以下两个定义。

日本科技 IE 研究会编的《IE 初级教程》中的 IE 定义：“工业工程可以说是一门通过对人、原材料、机器设备组成的系统进行设计和改进，从而提高生产率并降低成本的技术。”

美国百科全书的定义：“IE 从事于设计、改革和设置关于人员、材料和机器设备的综合使用及消耗的详细分析，以求提高企业的生产率、利润率和经济效果。”

实际上人类天生就有运用自己的失败教训和成功经验，不断总结，把事情越做越好的能力。IE 就是把制造业失败教训和成功经验，不断总结提高而形成的一门学科。许多专家指出：“所有人类及非人类参与的活动，只要有动作出现的，都可应用工业工程的原理原则及工业工程的一套系统化的技术，经由最佳途径达到目的。”

笔者曾在一份美国会计学会的调查中看到在欧美、日本、新加坡、韩国、中国台湾的制造型企业中平均有 91% 的企业设有 IE 部门。工业工程师在这些国家和地区的制造业领域就业人群比其他任何工程师都要多，而且，第三产业对于工业工程师的需求正在迅速上升，比如保险业、银行业、医疗保健、快递物流、环境保护和信息处理等。你可能想象不到工业工程师的工作地点，比如迪斯尼乐园、主题公园、城市综合体等。

二、IE 的涵盖内容

对制造业来说 IE 研究的对象是工作系统，而工作系统的构成要素包括输入、变换过程、输出与反馈，如图 1－1 示。

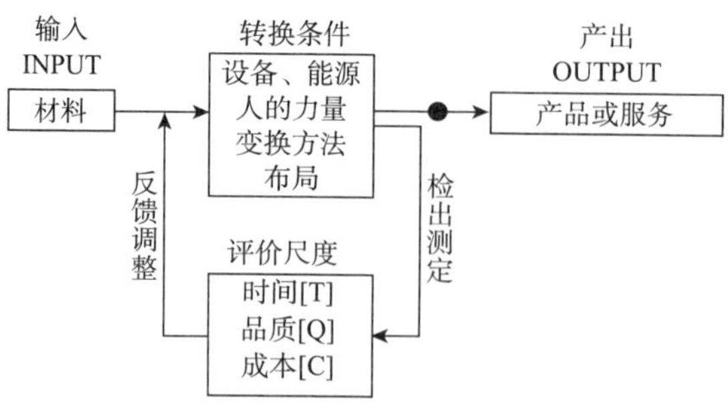

图 1－1　IE 研究的工作系统

这样的工作系统所涵盖的内容很多，下面介绍三种对 IE 内容涵盖的说法。

（1）常用 IE 方法。

常用的 IE 方法，如图 1－2 所示。工作系统的核心是变换过程，而变换过程实际上是通过一定流程来实现的，所以，IE 方法实际上是流程分析的方法。更明确地说，IE 方法致力于对一定环境条件下的流程及其构成要素进行分析。通过分析，消除流程中不合理的、浪费的、不均衡的环节，节约流程所需资源（包括自然资源与社会资源），使流程能稳定地、高效地实现其功能。流程中包含产品工艺流程、作业流程、人机联合作业流程分析及流程经济性等。流程之中有人作业，所以建立了动作分析、动作经济性、作业测定方法等手法。流程之中有设备作业，所以设备效率与管理必然被研究。在作业流程分析、作业测定、动作分析后，如何做好生产的匹配与平衡也是 IE 关注的内容。最后所有制造过程在一定空间进行，所以布局研究自然也是 IE 的内容。

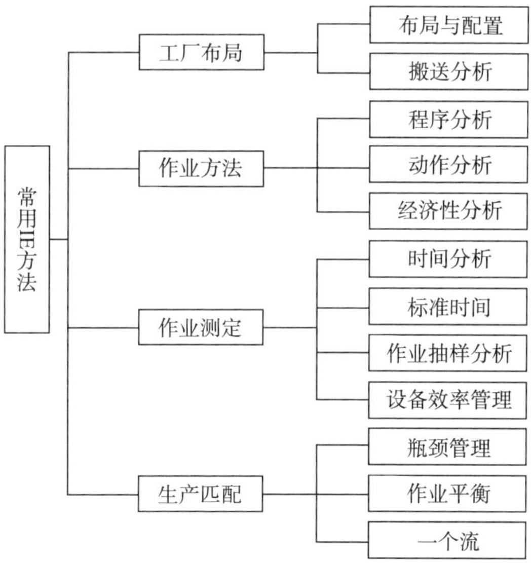

图 1－2　常用 IE 方法

（2）全面的 IE 方法。

IE 自 1909 年进入宾尼法尼亚大学后，很多学者不断扩展学科的研究范围。例如美国院士萨文迪教授（2001 年被清华大学聘为工业工程系主任），在其主编的《工业工程手册》中根据英国 667 家企业应用 IE 的实际调查，列出 IE 涵盖的内容有 32 种，如表 1－1 所示。由于其书编撰较早，表中列出某些说法有些陈旧，例如第 17 项计算机编程。现在在企业中为 ERP 软件提供关键工艺路线、产能负荷分析、物料配送的原始数据，基本就是 IE 部门完成的，此时再仅仅称计算机编程就不恰当了。

表 1－1　美国版的《工业工程手册》IE 涵盖内容

（1）方法研究	（17）计算机编程
（2）作业测定（直接劳动）	（18）项目网络技术
（3）奖励工资制度	（19）计划网络技术
（4）工厂布置	（20）办公室工作测定
（5）表格设计	（21）动作研究的经济效果
（6）物料搬运	（22）目标管理
（7）信息系统开发	（23）价值分析
（8）成本与利润	（24）资源分配网络技术
（9）作业测定（间接劳动）	（25）工效学
（10）物料搬运设备选用	（26）成组技术
（11）组织研究	（27）事故与可操作性分析
（12）职务评估	（28）模拟技术
（13）办公设备选择	（29）影片摄制
（14）管理的发展	（30）线性规划
（15）系统分析	（31）排队论
（16）库存控制与分析	（32）投资风险分析

显然，学院教授已经把 IE 变成了一个庞大的学科。如果要把所有内容全部写成书，要有数十本，例如日本规格协会（JIS）编辑出版的《经营工程学丛书》全套共 20 卷，全面讲述基本 IE 方法。我们在本书并不面面俱到讲述 IE，而是讲述最常用 IE 方法，即讲述图 1－2 中的方法。

（3）IE 七大手法。

由于日本规格协会（JIS）总结的质量统计 QC 七大手法，丰田等日本企业推行精益生产方式（JIT）提出的七大手法，在企业影响巨大，所以在中国台湾等地区对工业工程也有 IE 七大手法之说，目前这种说法在珠三角的一些中小企业也有一定影响力。

具体来说，所谓 IE 七大手法见表 1－2。由于中国台湾等地区轻工业发达，多为劳动密集型企业，所以 IE 七大手法比较突出对人作业和小型设备作业方式的研究，关注微观细节的管理，但对布局、库存、物流等宏观关注与改善比较弱，因而当世界一流的企业谈到 IE 时，并没有 IE 七大手法的称谓。

表 1－2　IE 七大手法详解

序号	名称	内容简介
1	程序分析	整个制造程序分析
2	操作分析	人机操作分析、联合操作分析
3	动作分析	人动作分析与动作经济性
4	作业测定	按照标准完成基本工作所需的时间
5	时间研究	完成工作时间分析
6	工作抽样	调查操作者或机器效率
7	预定时间标准	制订标准工时

②
工业工程的来历

“美国在世界上值得夸耀的东西就是 IE。美国之所以打胜第一次世界大战，又有打胜第二次世界大战的力量，就是因为美国有 IE。”

工业工程的领域当中，动作与时间研究（motion and time study）占有很重要的地位。1881 年，被后人尊崇为“工业工程之父”的泰勒（Frederick W. Taylor）首创“时间研究”（Time study），后来纪尔布雷斯（Frank B. Gil-brtth）又创立“动作研究”，或称“工学”（motion study）。因二者关系密切，无法分割，遂合并称为“动作与时间研究”（或称工时学）。这里叙述两个故事，来追溯动作时间研究的起源。

一、泰勒的改善故事

1898 年，泰勒工作于伯斯利恒（Bethlehem）钢铁厂，当时该厂雇佣工人 400～600 名，每日在一个长约 2 英里，宽约 1/4 英里的广场上铲各种不同物料。这些工人不用工厂准备的铲子，而用从家中带来的铲子，铲煤时，每铲重仅 3.5 磅，而铲矿砂时每铲竟重达 38 磅。这样自备铲子的情形同每铲重量之差额的情况颇让泰勒好奇，他想：“铲子的形状、大小和被铲物的重量有没有关系?”“究竟每铲重量为多少是最经济、最有效的?”“什么样的铲子，工人拿了既舒服又铲得多，铲得快?”他觉得对这些问题应该加以研讨。

泰勒选了两名熟练工人，在场内不同地点做试验工作，同时用秒表记录时间，并分别用大小不同的铲子去铲比重不同的物料，分别记录所用铲子的大小、式样和每铲重量等。经多次试验后，发现当每铲重量约为 21.5 磅时，作业者每日每人可铲最多物料。铲重物时用小铲，铲轻物时用大铲，但每铲重量均约为 21.5 磅。

泰勒得出此结果后，于是设计各种尺寸大小不同的铲具，训练工人，并拟定奖励办法，凡工人能完成规定之工作时，可以得到日薪60%的奖金，否则派员授以正确工作方法，务必使其也可得同样奖金。经此改善后，原需400~600名工人才能完成的工作，采用新方法后，用140名工人即可完成。因此铲每吨货物所需费用减少达50%，而工人工资则增加60%，除去因研究所需各项开支外，每年尚可节省78000美元。结果不仅使工厂的生产量大增，还使员工的工作效率提高，待遇增加，工作情绪也愉快多了。

二、纪尔布雷斯的改善故事

1885年，纪尔布雷斯受雇于一营造商，发现工人造屋砌砖时，所用的工作方法及工作时间，互不相同。他很好奇究竟什么方法为最经济及最有效的，并加以研讨。于是他开始观察工人砌砖的动作，发现工人每砌一砖，率先以左手俯身拾取，同时翻动砖块，选择其最佳一面，在堆砌时，放置在墙的外表侧。此动作完毕后，右手开始铲起泥灰，敷于堆砌处，左手置放砖块后，右手复以铲泥灰工具敲击数下，以便固定。

这种周期性动作，经纪尔布雷斯细心研讨，并拍制成影片，详加分析，得知工人俯身拾砖，每日数百次，易疲劳，增加劳动强度。同时左手取砖时，右手闲散，也非有效方法，另外，再敲砖动作纯属多余。

经多次试验，纪尔布雷斯找到新的砌砖方法。其方法为：砖块运至工作场时，先让工资较低的工人，加以挑选，放置在一木框内。每框装载砖90块，其外观最好的一面或一端，按统一规定的方向放置，此木框悬挂于工人左方。工人左手取砖时，右手同时取泥灰。改善泥灰的浓度，使砖置放其上时，无须敲击，即可到达定位。

经过这样的改善后，工人的工作量大增，其砌每一块砖的动作由18次减至5次。工人经训练后，改善前的方法每小时只能砌120块，用改善后的新法则可砌350块，工作效率提高近200%。由于没有了弯腰，没有了一会判断外观一会做另一个动作的耽搁，工人的劳动强度、疲劳度也降低了。经过纪尔布雷斯的动作分析，确定了最好的砌砖方法，由此发展成日后的规范动作。

三、IE 工程师必须深入现场求“真”

现在的 IE 工程师在运用具体技法上可能比 100 年前的泰勒等大师更加细致与娴熟，但是深入现场求“真”却没有大师们做得好。坐在书斋里、办公室里可以写论文、出报告、评成果、评职称，但这些始终是无法修得 IE 的正果。

从 20 世纪初开始，美国企业初步开始采取类似方法进行改善，都获得极大成功。美国著名质量管理权威朱兰博士对日本学者讲了这样一段话，他说：**“美国在世界上值得夸耀的东西就是 IE。美国之所以打胜第一次世界大战，又有打胜第二次世界大战的力量，就是因为美国有 IE。”**

第二次世界大战后，这些管理制度进入日本、德国的制造业。德国企业在动作经济性、人机联合作业方面对 IE 有更进一步的应用，德国的汽车、机床、大型装置等可靠性与操作性享誉世界。日本企业在导入 IE 的同时，又创立了 5S，同时将 IE 与降低成本结合发展成精益生产（JIT），其产品以高品质、低消耗、低价格等特点迅速被人们接受，产品行销世界，使一大批中小企业迅速变成跨国的大企业。以后 IE、JIT 逐渐在西方制造业中普及。到 20 世纪 70 年代，东亚其他新兴工业国家韩国、新加坡和中国台湾地区、香港地区的企业纷纷从日本引入 IE 与精益生产。

③ IE 的灵魂：找更好的方法

IE 发源于美国企业，在日本企业、德国企业得到进一步发展，从其诞生到其不断发展的过程来看，必须到企业现场去“**找更好的方法**”时，它才具有价值；必须在具有公平的市场竞争环境时，它才能被企业重视。因为只有在充分竞争的市场经济环境下，工业产品才不断降低成本、降低价格，从而在满足更多大众享用的过程中，实现企业的持续发展。

从 IE 学科起源与发展来看，IE 有两个鲜明的特征：一是围绕生产效率化为中心目的；二是尊重人、尊重科学、讲求能率（物尽其用），前面两个 IE 创始人的故事可以充分体现。研究和应用 IE 的目的是追求更高的效率，这是竞争的需要，而实现这一目的最重要的资源是人，所以在 IE 活动中必须明确，只有人的能力、潜力的充分发挥才是效率之源。

尊重人、尊重物、尊重人类资源、尊重事实，是合格 IE 工程技术人员必备的 IE 精神。在开展 IE 活动，提高效率的过程中，**效率改善的实质，不是在肉体上、精神上提高强度与速度，也不是靠勉强的动作来提高效率，而是削除无价值的作业及不均匀、不平衡等现象，通过经济的、舒适的、安全的作业来提高效率及创造价值。**

在提高效率的过程中，存在着企业与市场的冲突，劳资双方的冲突，传统与现代的冲突，变革与保守的冲突。这些冲突在科学的基础上，不断得到解决，又不断出现新的冲突，IE 学科在此过程中也不断丰富、完善和发展。IE 是方法论体系，其本质的目的是在现有方法基础上，不断突破现状和传统认识，追求更快、更高、更好的方法，以此提高竞争力，为社会、为人类创造更多的财富，在社会经济繁荣的基础上，谋求员工的幸福与发展。

IE 技术在我国大陆大量引进，是在外资企业进入后，即在 20 世纪 90 年代。大量跨国制造型企业进入中国，带来了先进的企业管理技术，让中国的年轻大学生见识了世界先进制造业的生产效率、效率的分析和管理方法，20

世纪 90 年代初期才逐渐开始有了中国大陆的本土 IE 工程师。

（20 世纪 90 年代以前有个别学者在个别国有企业里做过一些实践，在一个人浮于事现象大量存在，同时“失业”、“下岗”还是禁语的非市场经济的环境中，是不可能在企业界彻底推行 IE 的。）20 世纪 90 年代初，跨国制造型企业的 IE 工程师多数是由外籍工程技术人员担任。外资企业为适应人才本地化的需要，同时也为降低成本，聘请国外 IE 专家向本地技术人员或管理人员系统传授 IE 知识，或者送人到日本、美国等地学习，笔者就多次被就职企业派往日本学习 IE 等技术。

IE 技术是一种来源于现场实践的技术，而我们也只有通过实践才能真正掌握这门技术。外资企业所做的在职培训不同于大学校园的教育，它是一边学习一边实践，而一批本地化的 IE 技术人员、工程师首先就在世界优秀的跨国企业成长起来，目前主要在珠江三角洲企业中（近几年在苏州地区的企业也开始出现）。他们从跟随外国专家学习逐步到独当一面，通过十余年亲身实践，已经是珠江三角洲外资企业提升效率、降低成本、改善品质的指导者、领导者。在珠江三角洲的大型制造企业，例如华为、格力、创维、TCL、美的等，也运用 IE 等技法实施改善，同样获得较大的收获。

随着企业竞争的需要，企业在职培训活动在中国制造业发达的地方迅速普及，IE 技术员、IE 工程师的数量也在增加。以 2013 年营业额约 385 亿美元的台资企业富士康为例，在企业里专门设有培训学院，其名为 IE 学院（最近改名为先进生产力学院），要求其下属数万名员工每年必须进该学院学习，学习同绩效考核和升职挂钩。苹果、三星、华为等知名企业选择富士康作为供应商的主要原因是富士康的产品品质好、成本低，且交货准时、反应速度快。

20 世纪 90 年代中后期，国内大学也开始开设这门新兴的学科，研究与培养专门的 IE 工程师。2001 年 10 月 11 日，清华大学工业工程系正式成立。由于教师与学术领头人的匮乏，清华大学直接特聘美国工程院院士萨文迪教授出任首届系主任和讲席教授。这是 1949 年以来国内大学首次聘请外国人任系主任，可见国家对工业工程的重视。十多年来，清华大学已培养了一批兼具工程技术与管理技能、具有国际视野与竞争力的复合型创新人才，该院系成为清华园里一个富有特色和活力的院系。2011 年 4 月，6 位美国工程院院士和著名学者对清华大学工业工程系进行了国际学科评估，认为清华大学工业工程系的本科教育达到美国前 10 名的水平，在部分研究领域已有世界一流的表现。

近两年，随着互联网概念和模式对传统行业的冲击，在传统制造企业升级变革的过程中，工业工程在我国制造企业中的基础作用和战略地位似乎无意中被弱化。

可是以 3A 顾问 15 年对我国制造企业现场咨询辅导的经验来看，我国多数制造企业仍然处于粗放原始的管理状态，基本的企业工业化思维和工作方式都没有建立。如果要以工业发展形态的版本来衡量，很多企业也就处于工业 1. 0 或 2. 0 的阶段。笔者希望中国企业能够在企业内部建立工业工程应用部门，学习和运用 IE 的方法，有组织地、有系统地开展 IE 活动，大力培养和吸引人才，不断改善生产流程，提高效率、品质，降低成本，使得中国制造有更强的竞争力。

21 世纪初，无论消费品，还是工业品，随着市场自由度越来越开放，全球制造业的竞争必将由市场占有率驱动经营效益型转变为管理技术驱动市场占有率型。我国制造企业一定要竖起工业工程的旗帜，熟练掌握工业工程 IE 技法，打造实用的管理改善机制，为制造企业实现“互联网 +”改造和真正快速走向工业 4. 0 奠定坚实的基础。只有这样，在未来的制造业和产品市场，我们才会具有同等平台的竞争实力，才会占据应得的份额。

④ 只有持续改善，IE 才有用

没有改善文化，再好的改善技法恐怕也会被束之高阁，因此企业必须追求及建立**"不安于现状，常怀有疑问，不断地寻求更好的工作方法持续改善的文化氛围"**。

所谓的改善，其对象不必是那些显著的、大规模事物，而是在每天的工作中，将日常工作中的浪费（无价值的工作）、不合理、勉强事项、成千上万的"小事"、"小地方"改变得比以前更好，使企业提高品质、降低成本、提高市场的反应速度。

在国内的企业有种普遍现象，即"等、靠、要"，中基层人员认为改善、变革都是领导的事，观望高层拿出高招、方法。结果中基层人员长期不进行改善、创新，始终不能提高专业技能，职业素质提高缓慢。高层认为员工素质不够高，制订极其具体、庞大复杂的目标与考核体系。每一次的改善、创新、变革需要高层亲力亲为，但基层员工积极参与的不多，仅仅被动接受上级行事。在这样的企业环境中，"人"得不到重视，所有的管理基本方法最终不能在企业得到真正应用。

那么世界一流的企业为什么能充分应用管理工具呢？高层营造持续改善的文化，企业只定数个宏观目标和几个重大事项，具体计划与落实主要由中层管理人员落实。每个中层管理人员每隔 4 ~ 6 个月，必须主动申报管理革新大课题（或称焦点课题），由高层审核其课题计划的可行性等，推进过程确认进度，完成时评价成果。每半年定期举行管理革新大会，汇报管理革新大课题，接受大家的评价，同时展示水平。每个月举行管理改善发表会，发表人主要是各部门基层员工的改善事例，给基层员工一个展示的舞台。在公司大多数工段（车间）每月都有改善创新展示，并奖励典型改善的员工，而不是各种违纪罚款单。以"人"为本要落实到实践。

中层管理者在完成管理革新大课题过程中要关爱下属，经常深入现场，了解问题，运用管理工具，就解决实际问题亲手写教材、做改善案例，然后用这些“活”的知识来亲自培训教育员工，让员工在自身教育与实际案例的启发下，不断就本工序做各种改善，让员工都成为本工序的专家，不断提升职业素养。这样中层管理者的管理革新大课题在众多人的共同努力下，以团队推进的方式完成。

不论是精益生产、六西格玛管理，还是全面生产管理（TPM）、全面质量管理（TQM），其核心都是动员全员推进管理革新大课题（或称焦点课题），使整个企业能达到提高品质、降低成本、提高市场反应速度等经营目标。这些管理体系经常要用到的基本分析工具其实就是工业工程（IE）、QC 统计技术、VA 价值分析等技术。

一个企业没有持续改善的文化，不尊重员工，所有的管理工具必然“大打折扣”。

只有不断持续改善文化，IE 才有用。

第二章
布局分析

布局（layout）必须是管理理念先行，否则，以后的优化、改善、统计是“捡了芝麻丢了西瓜。”

生产和服务设施布局是企业经营管理中的一个常见事项，尤其是对于高速发展的我国企业来说，迅速扩大规模，不断投入新产品，不断扩大厂房规模、不断投入新设备、新设施。布局是令企业经营者“头疼”的重大问题。很多 IE 书籍、MBA 的生产管理与运作课程比较多讲述布局的技法，还有如何改善优化布局，实际上这些技法都是“枝梢末节”。布局由中高层基本确定方案后，再由工程师或某个员工具体统计方法。

布局仅仅用“枝梢末节”的技法是远远不够的，是需要智慧的，其智慧集中表现在“布局必须是管理理念先行”，否则，以后的优化、改善、统计是“捡了芝麻丢西瓜”。这是笔者在世界级企业工作多年及对国内企业咨询数年的经验概括。

❶ 布局必须是管理理念先行

布局对企业生产运作、降低成本有着十分显著的作用，体现工业工程的宏观作用。本书其他章节主要从微观方面阐述成本的降低，所以本书特将布局的内容放在前面的章节讲述以区别于其他 IE 书籍，以体现其重要性。

现在许多经营者以“做同类产品中性价比最高的企业”为经营理念，可以说这样的理念已经十分明确了。但仅仅明确经营理念还不行，还要将经营理念细化，用具体的数据去落实经营理念。

对于布局来说，其理念为“激活公司内部物流，缩短生产实物流时间”。

一、什么是“激活公司内部物流”

我们都知道流动的水很难发臭，即所谓“流水不腐”，不流动的死水潭，一定浑浊、发臭。生产现场的物流一样，只有物料流动起来才能产生价值。

材料从供应商那到生产制造现场，制造过程无停滞、无间断、无半成品库存、无中间库存，完成后立即包装出货的整个流程，要求在布局过程中充分考虑各工序的衔接，在整个生产过程中无迂回曲折。所有的物料、在制品、成品都在流动，公司运作像一个“流动的小河”，这条小河清澈透明，没有大坝、没有水库等繁杂的东西，这就要激活公司内部物流。世界级的企业称之谓“清流化的生产”。

如果读者有幸去丰田、理光、爱普生、通用汽车等世界 500 强企业参观的话，可以看到，这些企业生产的产品较复杂，但制造过程却非常的简洁，他们以简洁为美。公司没有中间库、半成品库，其材料库、成品库（有的连材料库都无）储存的物品使用量一般是 1 ~ 2 日。

“清流化的生产”的反义词为“浊流化的生产”。许多企业产品远比世界级企业简单，可是其生产过程由于布局等原因（当然不仅仅是布局），有几十个停滞处，有很多中间临时存放处，乃至有中间库、半成品库。整个生产流程很不顺畅，一会在楼上，一会在楼下，一会去前一栋楼，一会去后一栋楼。知道某批产品已经投入，却不知现处于什么状态、何时能完成。制造现场更是混乱，到处都是物料、在制品、不良品，成品乱放、乱堆，通道、生产区、物料放置区凌乱，生产工艺流程混乱。这样的企业就是“浊流化的生产”。

二、什么是“缩短生产实物流时间”

一个公司有清晰、快捷的信息流指挥，再加上有能激活实物流的工厂布局，就可以大大缩短从公司内部生产投入到完成的实物流时间。不过这仅仅是从狭义的方面理解“缩短生产实物流时间”。

“缩短生产实物流时间”在推行精益生产（JIT）的企业里面，一般用材料回转率、制造周期 Lead Time（L/T）、成品回转率三个指标来衡量。

（1）材料回转率（或称周转率）。

材料回转率 = 月末库存材料金额/下月使用物料金额。

其目的就是评价材料激活程度，控制材料的积压，减少资金压力。当然计算周期也可以用年或周来统计。国内企业财务部门一般是以年为周期计算，不把它作为一级管理指标，只作一个不同财务数据对待。

在世界级企业，一般以月或周为统计周期，特别是以月为周期尤为常用。这些企业将回转率与销售额、成本、利润当作同样重要的一级管理指标，要求采购与生产计划部门在平时就以这个指标为监控点。

（2）生产领料投入开始到制造完成时间。

其目的是不断缩短生产用时，快速应对市场，不断降低在制品数量，降低资金占用。

（3）成品回转率（或称周转率）。

在制品回转率 = 月末在制品库存总金额/每日出库成品金额

其目的就是评价成品激活程度，控制成品的积压，减少资金压力。

上述的 3 个指标反映了从供应商→企业→客户，或者说从客户→企业→供应商的整个供应链（SCM）灵活性、资金流动性的水平，一定程度上反映了企业把资源转换为产品的效率。

3A 顾问师建议：在生产决策时，选择适当的供应链流程，将获得丰厚的回报，这样做比事后再纠正错误合算得多。影响整个供应链流程的环节很多，其中布局在供应链流程中是一个不可忽视的重要环节。不同的经营理念，有不同布局方式。经营者要始终记住布局的基本理念“激活公司内部物流，缩短生产实物流时间”。

②
布局的常见形式

布局就是指为高效率生产，安排企业或某一组织内部生产作业单位和辅助设施的相对位置与面积、车间内部生产设备的布置相对应，以达到人和物流顺畅的目的，更是为了激活公司内部物流，缩短生产组织的时间。辅助设施包含机械设备、原材料放置、仓库、检验场所、货物的出入口、通道、消防设施等。

一、什么情况要进行布局分析

（1）生产规模变化。生产规模扩大、产品数量增多，从而导致必须改变工序，增加设施时；或者生产规模缩小、产品数量减少，从而导致必须改变工序，减少设施时。

（2）新产品导入、新设备导入。由于新产品投入生产，或者新技术导入，带来新设备导入，导致必须对原有工序进行变更时。

（3）生产方式变更。由于管理理念进步，发现原来的生产方式陈旧，而需打破旧的生产方式时。例如，近年来世界级的企业“柔性生产方式”的理念深入管理层，从而纷纷淘汰僵化及固定成本很高的生产线。

（4）减少内部物流浪费。由于工厂整体布置的影响，存在大量搬送、物流不畅等情况，要求对生产现场进行改善时。

二、常见布局方式

从生产空间的连续性来看，布局有四种方式。

（一）集约式布局

将同种工艺的设备、工序集中在一起的布局。例如将冲压机集中在一起，形成冲压车间；将注塑机集中在一起，形成注塑车间；将表面处理设备集中在一起，成立专门的表面处理车间等。集约式布局是以机械设备为中心的布局方式，又称功能式布局或机械中心布局，如图 2－1、图 2－2 所示。

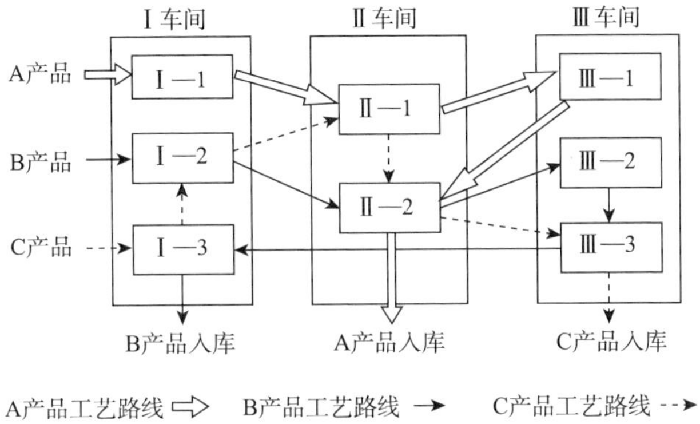

图 2－1　集约式布局示意图

图 2－2　集约式布局车间状态

其中Ⅰ为同一类设备、Ⅱ为同一类设备、Ⅲ为另一类设备，A、B、C 分别为三类产品。从示意图可以看出缺陷有 5 个：

（1）在制品多，生产时间长，占用面积大。

物料、在制品停滞多，暂放区多，生产需要的时间长、损耗大、占用面积大、生产成本高。在图 2－1 的布局中，共有 8 个设备，每个设备都需要待加工放置处、已加工放置处，即一个设备有两个物料放置区，这样一来至少有 16 个物料放置区。采用这种集约式布局，一般还会设立中间库，以便存放没有完成的在制品（半成品），这样一来物料放置区就会远远超 16 个。用布局理念“激活公司内部物流，缩短生产实物流时间”来看，就是“浊流化的生产”的表现。

（2）搬送路径复杂，内部物流复杂。图 2－1 中仅仅画出 3 种产品的理论物流路线，就足以让人眼花缭乱。不难想象，实际运作中会复杂到何种地步。

（3）“孤岛”生产安排困难，设备停机多。从产品流程角度来看，每个设备都是孤立的，如同大海中的“孤岛”，什么时候做什么产品，都需要事前通知每一个设备操作人。同时，每种设备工艺不同，生产用的时间不同，管理安排非常复杂，经常会出现停工待料、中途中断的现象。

（4）品质失败成本高，经常会导致多做产品的现象。一道工序全部完成才转到下道工序，万一后工序生产造成不良，但前工序已经换了模具等，再生产又需换模具，设备生产效率变低，因此，企业一般采用预计后工序的不良后多生产。例如，后工序生产一般统计不良数据为 3%，前工序按 4% 多生产。但实际上具体每一次不良率一般低于 4%，这样便增加了生产成本。

另外，当后工序发现前工序产生批量不良时，不但因信息阻滞导致品质失败成本高，而且延误生产时间。为防止这种现象出现，企业一般投入大量品质管理人员进行首件检查。

（5）技术单一，不易解决问题。工人与管理干部技术单一，不容易提高技术水平，出现质量问题时，需要其他技术全面人员来解决。

当然集约式布局的好处也有三点（准确说应该是两点）：

（1）单一设备组成车间，易指导，员工容易熟练掌握。

（2）对机械故障易排除。

（3）同时生产的产品多（但最终完成的时间长），在制品多，设备出了故障影响不会太大，因为有在制品来掩盖问题，管理的精度要求不高，对管理人员与技术人员的要求不会太高。对一个没有什么抱负（对降低成本要求不高）的企业来说刚好对路，但对有抱负的企业来说是个缺陷。

3A 顾问师建议：除非由于污水处理（例如电镀）、厂房结构（例如大型设备只能放在一楼）或厂区地理局限（例如只能分开建设各栋厂房），还有产品差异十分巨大（例如产品原理结构完全不同）等制约外，尽量不要采用集约式布局。只有快速满足市场，企业才有销售收入、才能不断扩大市场。迅速满足客户需求的经营理念，要体现在布局方式上。

（二）流程性布局

以产品的工艺流程为中心来决定机械设备的布局，又称工艺为中心布局。最常见的是装配流水线，如图 2－3 所示。

其中Ⅰ为同一类设备、Ⅱ为同一类设备、Ⅲ为另一类设备，A、B、C 分别为三类产品。从图 2－3 可以看出有四个优点：

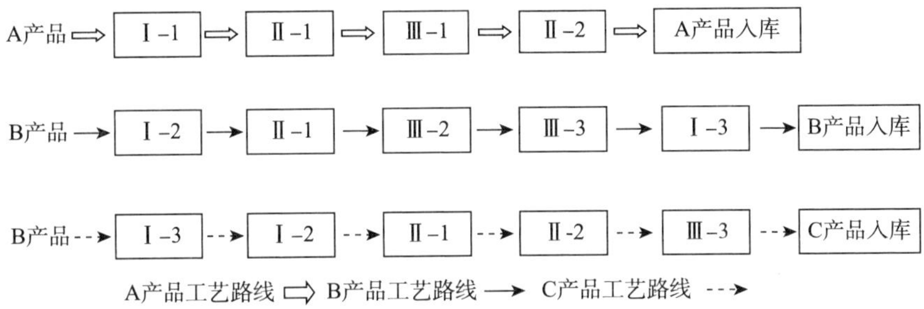

图 2－3　流程性布局示意图

（1）物流顺畅，生产时间短，停滞少，占用面积少。所有设备在一个车间，设备间用滑板连接，如图 2－4 所示。

图 2－4　设备间用滑板连接实例图

只有两个产品要用同一个设备生产时，才在该设备设物料放置区，这样就需要在Ⅱ－1、Ⅰ－2、Ⅱ－2、Ⅲ－3、Ⅰ－3 设备处设置放置区，即需要 10 个（一个设备需待加工物料区与加工后物料放置区），这样至少减少 6 个放置区。当然有 6 个放置区仍然是问题，大家想想为什么一个产品要同类设备加工重复。例如，A 产品要用Ⅱ－1、Ⅱ－2 重复加工，B 产品要用Ⅰ－2、Ⅰ－3 重复加工及Ⅲ－2、Ⅲ－3 重复加工，C 产品要用Ⅰ－2、Ⅰ－3 重复加工及Ⅱ－1、Ⅱ－2 重复加工。这种重复加工同样是浪费，但此问题不是布局能解决的，需要在模具结构与工艺流程中解决。

（2）搬送距离短。

（3）品质失败成本低。因工艺流程布局，加工一个、传递一个、检查一个，一旦产生不良，马上发现，马上处置，品质失败成本低。

（4）集中管理，简化管理控制点。

集约式布局造成“孤岛”设备、工序众多，车间管理人员管理的点多、点散，难度增大。流程性布局管理人员可以同时管理数条生产线，其重点为各生产线的最慢工序即“瓶颈工序”，管理范围相对减少、管理难度降低、突出管理重点。最直接的好处是生产计划与安排，在集约式布局中需要给每个“孤岛”设备、工序下达指令，并且要计数，这是令许多企业头疼的事，但在流程性布局中只需制订关键工序（或“瓶颈工序”）生产计划，记录关键工序（或“瓶颈工序”）的数量即可。这样管理人员在生产安排上不需要花太多时间与精力，而是关注如何降低成本、提高品质与效率。

当然传统的流程性布局有 3 个明显缺陷（准确地说是 2 个缺陷）：

（1）难以适应生产品种的变化。传统的流程性布局，一个流程布局生产线只能生产完了一种产品再制造另一种。当品种多时，产品换型（换模）是一件很浪费时间的事情。

（2）受中断影响的波及面大。一旦一个工序出现中断，该流程一般全部中断。

（3）设备的效率取决于最慢设备，就具体的每个设备来说效率会变低。

第 3 个缺陷从精益生产的角度来说，恰恰是个优点。企业利润从何而来，绝不是中间在制品，而是销售。决定企业生产能力的是最慢工序，如果我们制订的生产计划是根据销售需求以最慢工序能力来排产的，这样我们才能保证准时交货。其他工序同最慢工序同步（同样节拍）准时生产，这样既不留库存，整体效率还最高、成本最低。

最慢工序称为“瓶颈工序”。保证了“瓶颈工序”的最高效率，产能就能最大。如果一味提高非“瓶颈工序”的效率，就意味着要提前支付人工费、材料费、水电费，同时多支付保管用的厂房折旧、保管人工费、保管的物损费等，那么我们费劲地让非“瓶颈工序”保持最高效率的意义何在？对企业有什么用处？

3A 顾问师建议：在布局过程中尽可能创造条件，采用流程性布局。流程性布局充分体现了布局理念“激活公司内部物流，缩短生产实物流时间”。

丰田公司是全面实现流程性布局的典范。2006 年 11 月上旬丰田发表的中期业绩报告显示，4 月 ~9 月，其营业利润为 1.0934 万亿日元（相当于人民币 712 亿元）。712 亿元，相当于中国 2006 年前 8 个月整个汽车行业利润的 3 倍。丰田公司有一个口号“降低 10% 的成本比销售增加一倍还有效”。实际上降低 10% 的成本要比增加销售一倍要容易得多。我们为什么不能在千方百计增加销售额的同时，下一些工夫去降低成本呢？布局就是丰田公司经营理念的具体落实。有关集约式布局与流程性布局的区别用图或许更能明白，如图 2 –5、图 2 –6 所示。

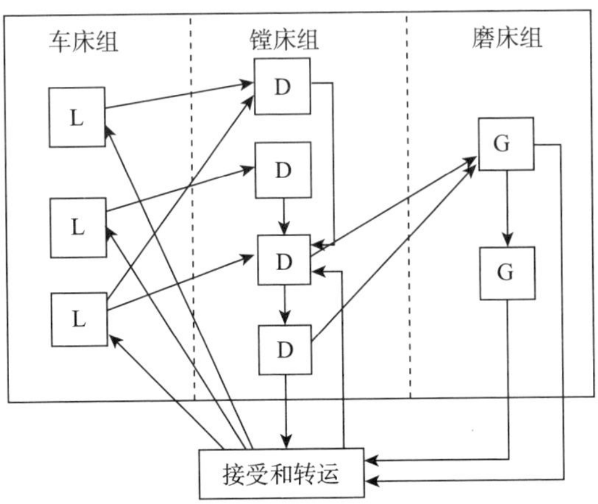

图 2 –5　集约式布局

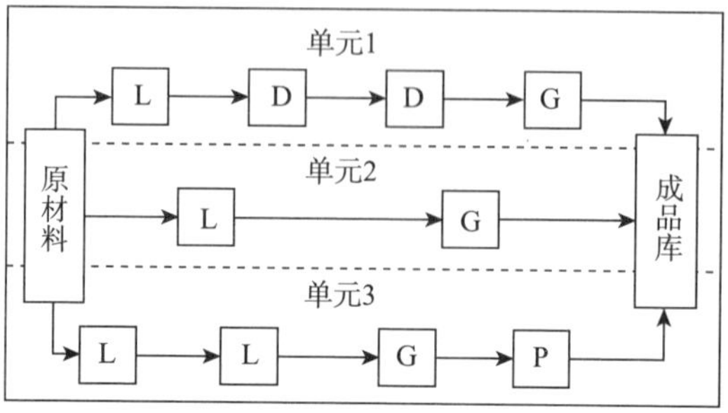

图 2 －6　流程性布局

（三）固定布局

以产品为中心，产品固定不动，人、材料、设备均围绕产品来布局。由于某些产品体积庞大笨重，不容易移动，所以可保持产品不动，将工作地按生产产品的要求来布置，例如飞机、运载火箭、雷达、造船等，如图 2 －7、图 2 －8 所示。最极端的是在楼房的建设过程中，楼房是不能动的，而要求所有物料、施工设备等必须围绕楼房而布局。

图 2 －7　固定布局实例图 1

固定布局的优点：

特大型产品采用固定布局，要避免特大型产品移动带来的移栽设备投入，同时要避免移动需要巨大的空间，使得厂房变大的投资浪费。

但是，特大型产品的各单元生产并不见得全是固定布局，它们的各单元仍然采用流程性布局，同时完成各单元后，最终在固定布局的产品上实

图2－8　固定布局实例图2

施总装。例如实施精益生产的奥的斯电梯、三菱电梯等企业，在工厂内用流程性布局，按规定流程生产各单元，最终各单元基本同时完工，包装后将各单元同时运送到大型建筑（机场、楼房）上安装产品。他们的产品是大型电梯、自动扶梯等，但工厂的厂房并不大，其布局有着重要的作用。

（四）混合布局

许多产品生产过程一部分采用集约式布局，一部分采用流程性布局或者固定布局，这样的布局称之为混合布局。

例如，汽车发动机生产过程，在丰田工厂里是按流程性布局的，但我国企业里是集约式布局与流程性布局结合的混合布局。原因是丰田工厂里没有翻砂等工序，以装配为主，将极少数压铸好的工件再精加工，大多数零件委托外部公司制造，所以可以采用流程性布局。而我国企业里的发动机上的大多数零件的模具翻砂、压铸等都是自己企业制造，这样一来，翻砂、压铸采用集约式布局，汽车发动机的装配采用流程性布局。

使用混合布局的原因极其简单，翻砂、压铸过程要求的环境与装配要求的环境不一样，如果非要按流程性布局来要求，则必须按装配环境的要求翻砂、压铸，这样即使投资极其昂贵也不能实现。

这样的事例很多，例如五金件的生产过程既有机加工工序，还有表面处理（例如电镀等），显然将电镀同机加工设备连成流程性布局不现实。因为电镀过程需要污水处理等设施，但机加工不需要。

三、精益生产中最为推崇的布局——流程性布局

各种布局中，从降低生产组织过程的运行成本，减少建筑物的固定成本角度来看，流程性布局是笔者极力推荐的一种基本布局方式。先看看一些实际案例。

案例一：某汽车轮毂制造企业，在 3A 顾问师指导下将以前集群布局（图 2－9 所示），改善为流程性布局（图 2－10 所示），改善后的效果如表 2－1 所示。

表 2－1　改善前后效果对照表

№	管理项目	改善前	改善后	效果
1	占用面积（生产车间＋库房）	$9000M^2$	$4800M^2$	46%↓
2	原材料放置点	1	1	0
3	半成品（在制品）放置点	9	2	7 个↓
4	成品放置点	2	1	50%↓
5	投入到完成制造时间	6 天	37 小时	74%↓
6	4 班人员合计	（30 人×4）＝120	（24 人×4）＝96	20%↓

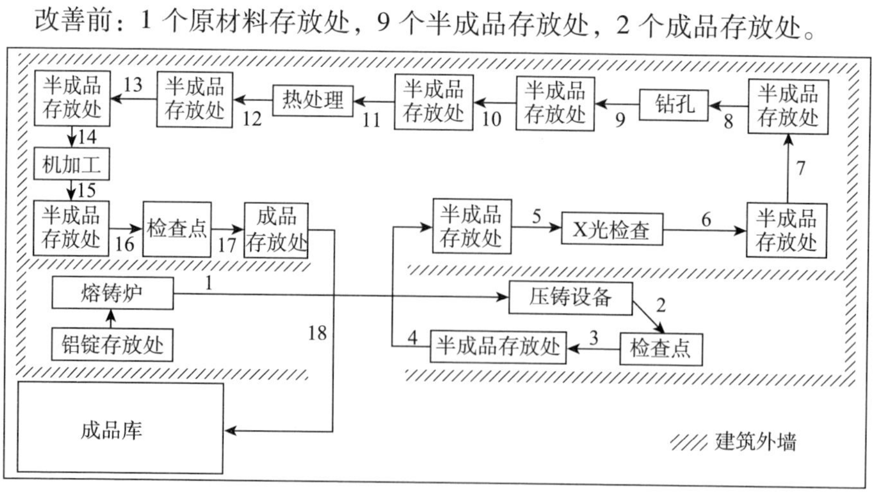

图 2－9　某轮毂制造企业车间布局（改善前）

改善后：1个原材料存放处，2个半成品存放处，1个成品存放处。

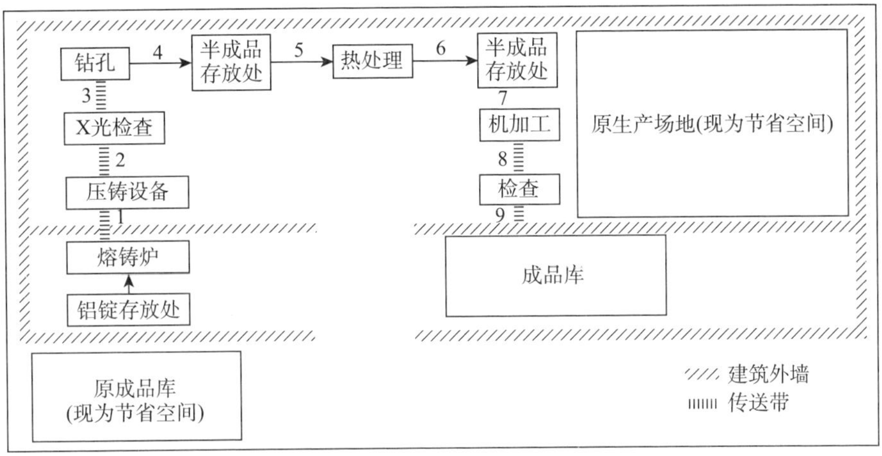

图2－10　某轮毂制造企业车间布局（改善后）

如果一开始就实施流程性布局，企业的竞争力一定会更强吧！再看看欧美企业采用流程性布局的典型案例。

纳克炼钢厂：流程性布局战略带来的竞争优势

在印第安纳州的克罗福地斯威尔地区，纳克（Nucor）炼钢厂以差别很小的几乎不间断工艺流程生产薄钢板。其成分和定型只要稍作改变，就可满足各种各样的市场需求。

纳克炼钢厂是一家“微型炼钢厂”。微型炼钢厂与综合炼钢厂相比更小、更便宜、更简单，实践证明，其效率也更高。典型的微型炼钢厂用废品而不是用铁矿来炼钢。美国消费的钢铁中大约有一半是以这种方式生产的。

在纳克炼钢厂，炼钢的过程分为两个阶段。第一阶段，把废品放入电弧炉熔化，技术员对合金进行分析并根据废品特性和产品的要求添加各种各样的附加成分。然后，把炼好的钢水浇铸成型并轧成钢板。

第二阶段主要决定形状和定型，可以根据客户和市场的要求来改变薄钢板的形状。

在纳克炼钢厂，流程战略在几个方面带来了竞争优势。

第一，把钢铸成接近产品的形状，免除了不必要的设备投资和人员费用。第二，不间断工艺流程免除了轧钢前大量的再加热工作，大大节省了能源成本。第三，高效率的工艺流程和高效的激励机制使纳克成为世界上生产力最高的炼钢厂。纳克炼钢厂生产每吨钢的工时可能只有竞争对手的一半。第四，该厂使用的流程技术产生很高的生产力和质量。该流程极好地控制了成品钢的特性，减少了劳动力、能源和流程中的工作，并带来资本投资净节余。

纳克炼钢厂是如何保持竞争优势的？答案是采用极好的操作管理，包括正确的流程性布局战略。

摘自《生产与作业管理教程》（第四版）第 143 页［美］杰尹·海泽巴里·雷德著　潘洁夫等译　华夏出版社　1999 年版。

笔者曾在部分知名材料生产厂进行过培训、诊断与咨询，发现这些钢、铝、铜加工厂基本上采用集群布局，其贵重的在制品在工厂内有许多存放处，常常是工厂内在制品金额占年营业额 1/10 ~ 1/6。如果在布局上能实现流程性布局，可将在制品金额减少至营业额的 1/30 ~ 1/50，这就意味着一个营业额 30 亿元的企业，在集群布局时，在制品金额占用资金为 3 亿元 ~ 5 亿元；而在流程性布局中，在制品金额占用资金为 0.6 亿元 ~ 1 亿元。当你购入材料按期货市场金额成交时，大家材料成本差异不大，谁的生产时间短，资金周转快，谁的利润就高。这样看来布局完全会上升至企业竞争战略的高度。当然为实现流程性的布局，工艺上技术革新和日常管理上的创新无疑是必须进行的了。

许多企业恰恰没有创新的勇气，一遇到布局的改善，往往却步。笔者在一世界 500 强企业工作时，该企业规模每年以 30% ~ 50% 速度增长，但厂房却一直不增加，每年都进行大的布局变更达 2 ~ 4 次，但每次都能实现改善的目标。与每 3 ~ 5 年才有一次大的变更的企业相比，在这样的企业工作一年相当于在其他企业工作 3 ~ 5 年所获得的经验，在这样的企业工作 10 年，相当于在一般企业工作 30 ~ 50 年！

只有不断创新变化才能锻造一个人、一个企业！一成不变的企业只能裹足不前，会在激烈竞争中淘汰消失。在不断变化的市场经济中要牢记“守者亡，变者存”。

③ 柔性的生产布局

多品种、小批量生产、利润越来越薄，逐渐成为制造业的现状，企业接客户订单后再组织生产是减少风险的有效策略。这就意味着建造高大的工厂，拥有庞大的设备、自动的设备、僵化的生产线反而在阻碍着多品种、小批量生产。因为这些东西使固定成本变高、生产周期变长、库存难以掌控。

管理者力不从心，不断超时地工作，自我生活完全被工作填满，累！怎么办？必须建立灵活的制造流程，让我们企业能像橡皮筋一样柔性变化。柔性生产是在 20 世纪 90 年代中期提出的一种生产方式，目前汽车业的丰田、通用汽车，IT 制造业的戴尔电脑，OA（办公室自动化）制造业的理光、佳能等做得较成功。这几家企业这十年来的销售额不一定比同行高，但利润明显高出同行业许多倍。

柔性生产包含内容很多，本节就布局的角度说明柔性生产。常说的柔性生产目前来看包含以下几种：

（1）混合生产。

（2）固定 + 变动生产。

（3）细胞（CELL）生产。

（4）小推车式生产。

（5）一人生产。

本书重点讲述前三种方式。如需详细了解，请参考 3A 企业管理顾问出版的系列书籍《现场管理实务》下册的第八章内容。

一、混合生产

所谓混合生产即不同型号的产品在同一场所、同一生产线可以同时进行生产。

如果一个销售点同时需要多个型号的产品，如8个，并要求装在一个运输车辆出货，而你的工厂只有两条生产线，同时只能生产2个型号，成品必须等所有的型号完成才安排出货，这时先完成的成品就变成了库存品，要等待所有8个型号完成才能安排出货。对于一些体积大或金额高或价格变化快的产品来说，这样的生产方式成本高、风险大。采用如图2－11、图2－12所示的混合生产方式就可以较好地解决此类问题。

图2－11　混合生产方式实例1

图2－12　混合生产方式实例2

图中不同型号的产品（在图中可以明显看出大小不同型号的产品）在一条生产线上生产。这样同一销售地不同型号的产品混合生产，可以同时进料，同时组织生产，同时出货。当完成品能装满一车时，马上安排车辆出货，这样组织生产时间少、库存低、资金周转快，抵御产品降价的风险能力高，同时，不同品种又都能满足多层次的客户需求。这样的生产方式可以根据客户的需求随时变更生产（当然还需采购的柔性化，此类问题本书就不讨论了），这种随时变更的响应时间可以用小时为单位来计量。

当然这样的布局对不同品种之间的生产平衡、物料与工具的摆放、工装夹具设置、人的训练都需要更加细微的对应方法。不同类型产品有具体的方法，在此就不一一列举。但有两点可以指出：一个是过于单一功能的高自动设备是实施混合生产的障碍，因为需要让设备自主识别不同产品，然后自主变更功能是个很难的事项。另一个是真正一个个工序详细讨论，把制约因素逐个排除，要比想象容易得多，同时，这恰恰是锻炼与培育管理人员最好的方法——实战锻炼人。

在一流的日本企业中，理光、丰田很多年前就采用这种生产方式，目前在上海通用汽车、广州本田等企业也都采用混合生产方式。在上海通用汽车生产线上别克商务车、君威、凯越等在一条线上混合生产。而不采用混合生产方式的汽车公司，上一款新车就建一新厂，同时投入较多的设备。正是这种生产方式使得上海通用汽车、广州本田汽车的厂房与设备等固定成本远低于其他企业，因此这两家企业总是率先把汽车价位拉低，同时又能跻身利润率最高的汽车企业行列中。布局的优势成为竞争的有力武器。

二、固定＋变动生产

（1）固定、变动共存的柔性生产方式的基本思路一般是对未来市场进行预测，将生产量分为类基本量及变动量两部分，分别以不同的方式来对应。

定义：生产量 M＝基本量 x＋变动量 α。

其中将基本量 x 设定为固定不变的生产线，而将变动量 α 设为一个可灵活变动的生产线。

例如，某产品预测将来市场为每月至少 3000 台以上，则将 3000 台/月的量设为一个固定不变的生产线，每日量＝3000 台÷20 日＝150 台/日。当月产量为 3600 台时，月产 3000 台/月（150 台/日）的固定生产线不变，再追加一个每月 600 台（30 台/日）的变动生产线。当每月产量为 4000 台时，固定生产线（月产 3000 台，日产 150 台）不变，只要将变动生产线从每月 600 台（30 台/日）变更为 50 台/日即可。

固定、变动生产线共存的柔性生产方式当每月产量变化时，只有一个局部在变化，这样对市场需求变动的反应更加快速。

（2）在固定 + 变动生产方式中，高额的工装夹具（组装、测试、调试等）采用专用工序，检查线共同。

为了减少投资，固定 + 变动共存的柔性生产方式同细胞生产方式类似，高额的夹具工装完成的单元（组件）以专用工序方式向两方提供。若是较复杂产品需要很多高额费用的检查测量仪器，则固定、变动共存方式的检查线合并，这样减少高额费用的检查仪器的投入。

如上例某产品预测将来市场为月产量 3000 台以上（150 台/日）时，生产线的固定、变动生产线布局如图 2－13 所示。

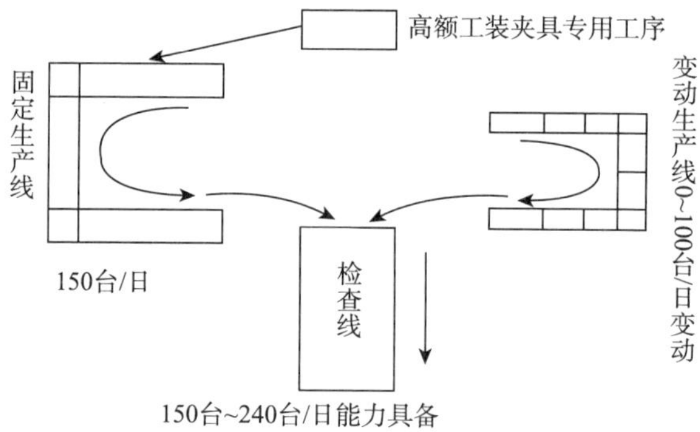

图 2－13　固定 + 变动生产方式简图

（3）变动线中人员配置一般以一人生产为宜，即一人将产品从头组装到尾。因为变动生产线经常要对应市场变化，为了减少（或者不发生）每次市场变动时，变动生产线要重新设定工程，变动生产线人员的工作内容变更而导致的各种训练，以及生产量的爬坡等问题，以一人生产为宜，即一人将产品从头组装到尾。故应将优秀人员配置到变动生产线上，并在薪水上体现出对优秀人员的鼓励。同时，在固定生产线中，注意发现优秀人员，并时常让这些人员到变动生产线上训练。当生产量增加时，将新员工配置到固定生产线，将固定线已培养好的优秀人员调往变动生产线，这样对应市场更容易。

三、细胞式的柔性生产

某产品将来月度市场需求量预测为 1000 台～3000 台，即每日产量为 50 台～150 台，应该如何布局呢？

传统做法按最大量布局，设置 150 台/日的布局，其结果是固定投入大，回收难，设备经常处于能力富余状态。

在细胞式的柔性生产中，选定一个最小单位生产量进行生产线工序设定，然后，根据市场变化复制该细胞以同样的方式进行生产。

某产品将来月度市场需求量预测为 1000 台～3000 台，即每日产量为 50 台～150 台。我们以 50 台/日为最小生产单位（月度产量约为：50 台×20 日＝1000 台/月）设定一条生产线，我们称为细胞 1。若将来市场增加到每月约 2400 台，则每日约 2400 台÷20 日＝120 台/日。此时，生产线将细胞 1 以同样的方式复制细胞 2（工序设定、人数、工夹具等完全相同），则实现了每日 100 台的生产量，再通过安排晚上或周六加班 36 小时（每月合计），即 4 天的加班，则每月 2400 台市场需求就可以满足了。

上述的事例中，有 2 个突出问题必须要解决，否则依然无法迅速对应市场。第一，我们设定的细胞生产线必须是投资少，而且在工厂内一般作业者（无需特殊技能）就能迅速在 1～3 日内设置细胞生产线，这样我们才能依据市场的变化迅速复制细胞生产线，否则像自动化流水线一样不能迅速对应市场；第二，生产线的人员必须能迅速增加并能训练合格上岗。

细胞生产线必须投资很少、简单、易安装，生产线使用的材料可以反复利用。也就是说，可以按设想自由组合简单生产线。

世界上一流企业目前广泛采用的细胞生产线就是由类似图 2－14、图 2－15所示的作业台通过组合而建立的，如索尼、松下、NEC、理光、佳能、先锋等。这些企业从 1997 年开始就纷纷淘汰了智能化的流水线、机器人、机械等。随后戴尔电脑、三星等企业也开始提出抛弃自动流水线，采用细胞生产。我们辅导过的富士施乐、世界电话生产量第一的伟易达（港资企业）也都推广与实施了细胞生产。

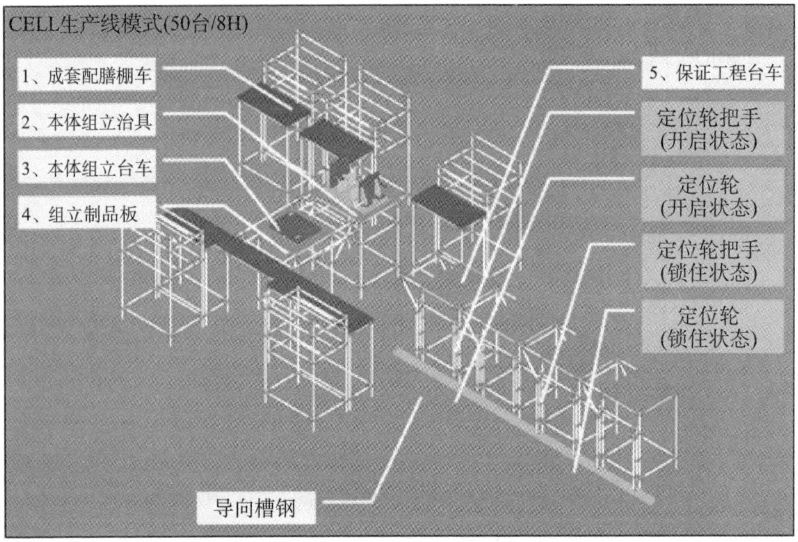

图 2－14　细胞生产方式实例 1

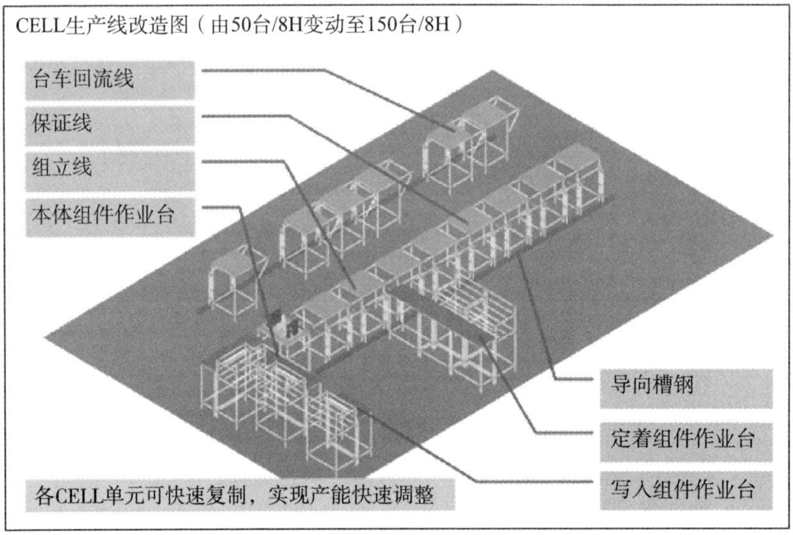

图 2－15　细胞生产方式实例 2

4 布局的经济性原则

布局理念、形式与柔性生产方式从整体上决定一个企业的布局思路。在具体实施过程中，我们还必须详细分析具体物料、产品、设备、区域等对象之间的关系，确定其具体位置，以使现场实物流、人流、信息流等达到效率最大化，为此我们需要参照一般化的布局经济性原则。作为布局的规划者和实施者，这些基本的原则必须熟记于心，用来指导布局工作。

原则 1：相邻原则

物料、在制品、产品和人员流动较多的部门或设备应该相邻，如图 2－16 所示。

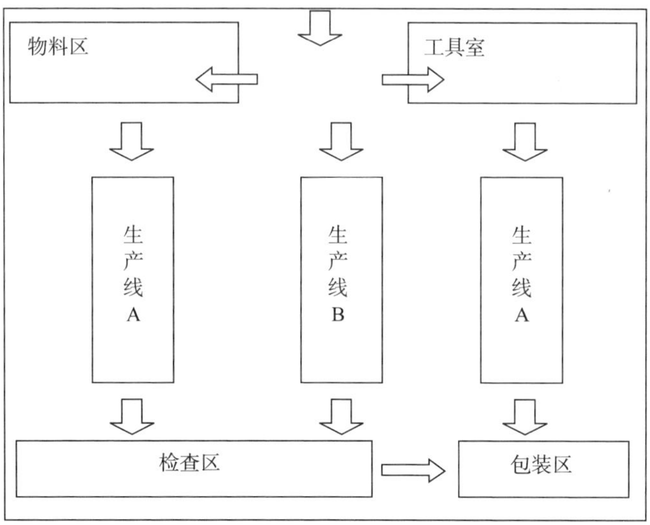

图 2－16　相邻原则布局示意图

原则 2：充分利用立体空间

一般厂房的高度均有 4～6 米，空间没有被充分利用的浪费现象很普遍。一般仓库放置物料的堆积高度为 1.6～1.8 米，对于原材料、零件等物料的放置，可考虑取用货架或是增加夹层（阁楼）来活用立体空间，使用立体空间放物品时，必须要符合易拿易放的原则。采用货架放置物料时，一般要配置有高度升降功能的电动叉车才可以完成。

如图 2－17 所示的多层货架可放轻型管材与棒材，中间有通道，顶层用行车移动，其余用人工移动。

图 2－17　立体空间利用示意图

原则 3：统一原则

把 4M（人 man、机械 machine、材料 material、作业方法 method）有机统一起来，在保持 4M 平衡的基础上，进行生产布局的设计，减少因没有综合考虑 4M 四要素，造成的局限性（瓶颈）影响生产，延长停滞时间。

统一原则就是要统一布局，就是要激活生产过程的物流，缩短产品的制造周期，降低成本。在布局中理念重于技术，理念必须先行。所以，统一原则是布局最重要的原则之一。

原则 4：最短距离原则

加工不同的产品，加工流程也不同。产品在发生产量、品种的变化时，加工流程也会发生变化。这时上下工序或工程之间的衔接要考虑人、机械、材料的移动距离最短。

搬运距离短时，所花费的时间最短，搬运的费用最少，工序或工程之间的信息也能及时反馈。

移动距离过长时，搬运时间长、费用高，工序之间的信息不能及时反馈，会造成中间在制品过多，容易产生不良品，造成不必要制造成本的浪费。

原则 5：物流顺畅原则

为了减少制造成本，要使人、机械、材料的流动更加合理、更加顺畅。要让生产过程没有阻碍，必须减少作业的交叉、逆流或倒流的情况，禁止发生物流停顿。要在布局设计时，就要使物流像流水从高处向低处流去那样顺畅。

谈到顺畅，人们常认为一条长长的直线式布置是最理想、最顺畅的布置。但在现实中，要受到用地面积的大小、形状的限制，这时，生产线就有可能不是一条直线式的布置。另外，从管理的角度来看，必须设法使布置更加集中统一。

原则只表示基本的想法，实际中应考虑生产批量的大小，产品的换型，用地面积的限制等，把直线式、L 字形、U 字形、S 字形、星形、环形等进行比较分析，再做出综合判断来设计生产线的布局。

原则 6：减少存货原则

减少生产过程中的存货，因为工作单元的建立能够平衡设备之间的产品流量。

减少原材料和制成品的存货，因为生产过程中工作的减少使得工作单元材料的运输更加迅速。

提高了设备和机器的利用率，因为有更合理的安排和更迅速的材料流动。

减少了在设备和机器上的投资，因为有效利用机器减少了机器和设备的重复安装，也降低了安装费用。

原则 7：便于信息的流动原则

沟通对于任何一个公司都是很重要的，所以布局必须有助于沟通。这不仅要求对开放的空间、半高的隔离间和私人办公室做出规定，也要求对距离作出规定。

现在很多跨国企业的车间都是净化间，在净化间生产的产品，对环境洁净度的要求很高，净化间 50% 的墙壁是玻璃隔离，这样采光度、可视度是很好的。

净化间与外界的沟通很重要。这时，我们考虑要用怎样的沟通方式来传递各种生产信息，还要考虑人、物料、设备进入净化间的防尘措施应该如何去做。

净化间与外界沟通的方式可以在墙壁上装对讲机来传递生产的各种信息。净化间与外界之间要有人、物料、设备进出的出口，并且出口里面要装有防尘设施——吹风器，来防止灰尘进入净化间，吹风器的装置是由内向外吹，这样才有效地防止灰尘由人、物料、设备带入里面。

出口是设计在墙壁之间，两边都有门，每次只能开一边的门，当把物料要送到净化间时，一边的门打开，把物料放在里面马上关上门，吹风器自动感应马上对物料吹风除尘，另一边的门要等吹风器停止时，才把门打开拿出物料，送到生产线上的工位上生产。如图 2 – 18 所示。

图 2－18 便于物流与信息流的净化车间布局

原则 8：安全满意原则

要使作业员在轻松作业的同时，还必须考虑噪音、粉尘、烟雾、温度、光照度等方面的安全要求，以及设备和机器周围的空间要求。

布置时要考虑环境安全问题，比如：

（1）工作环境会不会容易碰到障碍物？

（2）会不会发生物品的坠落、倾倒现象？

（3）作业周边电源的防护措施是否安全？

（4）有没有消防通道、消防措施？

（5）噪音、粉尘等有没有超标？

（6）温湿度、光亮度是否适宜？

原则 9：灵活机动原则

必须考虑将来产量的增减，多品种的大型化，产品的型号变化等情况，并事先列入计划中。尽管如此，从一开始准备多余的设备，生产、资金方面是难以承受的。

因此，为灵活适应将来的变化，必须确保设备扩展用地，采取能随时加长或减短的生产布置，来灵活对应生产的变化。机械设备由原来的大型专业性强的、安装不容易移动的，改为小型通用性好的、安装容易、移动方便的 mini 型设备。

原则 10：环境和美观

布局常常要求考虑窗户、花盆和隔板的高度，以利于空气流动，减少噪音和私人空间等，设备和机器周围的空间要求整齐、明亮。

同时，布局在整体规划的时候，要考虑参观通道与参观路线的设计，在不影响生产和员工操作的情况下，能方便别人的参观与学习。

这 10 个布局原则中，只有几个能够从数学上将其模型化，所以，具体设施的布局和设计仍是一门艺术。

5 布局的常用分析工具

在知晓了布局理念及目前的柔性生产方式等较宏观的情况，你可能可以提出不止一个方案（一般企业在决策时往往要求做数个方案）。作为工程师，必须分析几个方案的优劣点，这就需要进行定量的分析。本节主要讲述布局常用的分析工具。

一、布局成本函数

布局的计划中，最为常见的做法是合理安排部门或工作中心的位置，以减少物料移动的处理成本。零件和人员流动较多的部门或设备应该相邻。这种方法的材料处理成本取决于：

（1）两个部门（i 或 j）在某一时间内物品或人员的流动量。

（2）与部门间距离相关的成本。成本可以表达为部门之间距离的一个函数，这个目标函数可以表达成以下的形式：

最小成本（C） $= \sum_{i}^{i=n} X_{ij} C_{ij}$

其中：

n 为工作中心或部门的总数量；

i、j 为各个部门；

X_{ij} 为从部门 i 到部门 j 物品流动的数量；

C_{ij} 为一件物品在部门 i 和部门 j 之间流动的成本。

工艺导向布局（和固定位置布局）尽量减少与距离相关的成本。C_{ij} 这个因素综合考虑了距离和其他成本。于是我们可以假定不仅移动难度相等，而且装卸成本也是恒定的。虽然它们并非总是恒定不变的，但为了简单起见，我们将这些数据（即成本、难度、装卸费用）概括为一个变量。

二、来往矩阵分析法

来往（From—To）矩阵分析法，是一种常见的生产和服务设施布置方法。利用图表列出机器或设施之间的相对位置，以对角线元素为基准计算工作地之间的相对距离，从而找出整个生产单元物料总运量最小的布置方案。这种方法比较适合于多品种、小批量生产的情况。其基本步骤如下：

（1）选择典型零件，制订典型零件的工艺路线，确定所用机器设备。

（2）制订设备布置的初始方案，统计出设备之间的移动距离。

（3）确定出零件在设备之间的移动次数和单位运量成本。

（4）用实验法确定最满意的布置方案。

例如，一机加车间有六台设备，已知其生产的零件品种及加工路线，并据此给出如表 2－2 所示的零件在设备之间的每月移动次数，表 2－3 给出了单位距离运输成本。请用这些数据确定该车间的最佳布置方案。

表 2－2　设备间月平均移动次数矩阵（单位：次）

	锯床	磨床	冲床	钻床	车床	插床
锯床		167	368	11	8	130
磨床	166		35	165	51	5
冲床	350	54		65	6	10
钻床	6	381	32		21	38
车床	76	21	50	255		20
插床	42	25	33	74	250	

表 2－3　单位距离运输成本矩阵（单位：元）

	锯床	磨床	冲床	钻床	车床	插床
锯床		0.12	0.12	0.13	0.11	0.13
磨床	0.15		0.12	0.11	0.11	0.11
冲床	0.12	0.12		0.11	0.11	0.12
钻床	0.15	0.12	0.12		0.11	0.12
车床	0.13	0.15	0.13	0.12		0.11
插床	0.13	0.13	0.13	0.11	0.11	

将运输次数矩阵与单位距离运输成本矩阵的相同位置的数据相乘，得到从一台机器到另一台机器的每月运输成本，如表 2 –4 所示。然后，再按对角线对称的成本元素相加，得到两台机器间的每月总的运输成本，如表 2 –5 所示。

表 2 –4　单位距离每月运输成本（元）

	锯床	磨床	冲床	钻床	车床	插床
锯床		20	44.2	1.4	0.9	16.9
磨床	24.9		4.2	18.2	5.6	0.6
冲床	42	6.5		7.2	0.7	1.2
钻床	0.9	45.7	3.8		2.3	4.6
车床	9.9	3.2	6.5	30.6		2.2
插床	5.5	3.3	4.3	8.1	27.5	

表 2 –5　单位距离每月总运输成本（元）

	锯床	磨床	冲床	钻床	车床	插床
锯床		44.9 ③	86.2 ①	2.3	10.8	22.4
磨床	—		10.7	63.9 ②	8.8	3.8
冲床	—	—		11	7.2	5.5
钻床	—	—	—		32.9 ④	12.7
车床	—	—	—	—		29.7 ⑤
插床	—	—	—	—	—	

接着，确定紧密相邻的系数，其确定依据就是总运输成本的大小。按总运输成本从大到小降序排列，就得到了机器（或部门）之间的紧密相邻程度。根据表 2 –5 中的①②③④⑤的顺序，应将锯床与冲床相邻布置，磨床与钻床相邻布置，锯床与磨床相邻布置，钻床与车床相邻布置，车床与插床相邻布置，最后结果如图 2 –19 示。当然，在实际布局规划中，分析出的结果，需要结合流程性布局作适当调整。

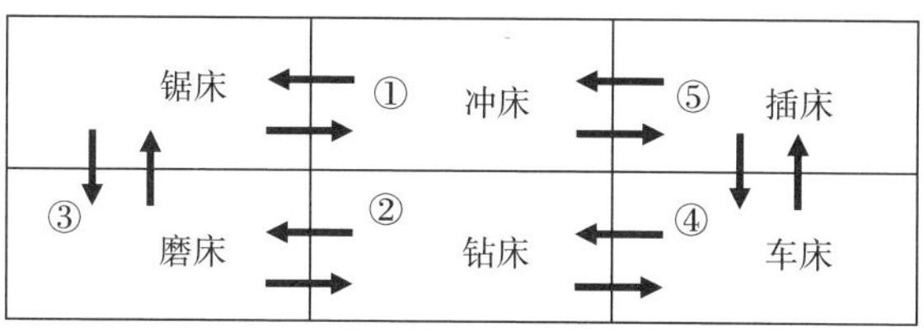

图 2 –19　From—To 矩阵分析结果

三、办公室布局常用分析方法——工作相关图法

办公室和工厂布局的主要不同之处在于信息的重要性。在制造业中，工作的进行依赖于零件和物料的流动，而办公室工作依赖于信息的传递。

对办公室的工作进行计划是非常有必要的，图 2－20 是一张为事务办公室王女士准备的关系图，表示她必须：

（1）靠近事务室区域；

（2）不必太靠近秘书和文件柜；

（3）无需靠近影印机和文具存贮室。

一般的办公室平均分给每人 10 平方米的面积（包括走道）。主管经理分配面积大约 40 平方米，会议室的面积限 30 人计，每人 2.5 平方米。相对应的是，饭店提供给每位顾客的空间是 1.6～5 平方米（厨房和餐厅总面积除以可容纳顾客人数）。通过有效地利用工作台垂直空间，一些办公室设计者向空间的纵深方向而非横向发展。这使每个工作站的面积（设计者称之为“脚印”）能够尽可能地小。

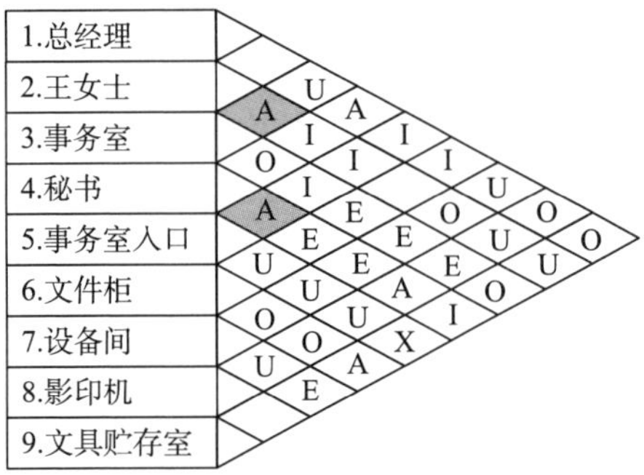

图 2－20　办公室布局的工作关系图分析结果

工作相关图法是根据企业各个部门之间的活动关系密切程度布置其相互位置。首先将关系密切程度划分为 A、E、I、O、U、X 六个等级，其意义如表 2－6 所示。然后，列出导致不同程度关系的原因，如表 2－7 所示。使用这两种资料，将待布置的部门一一确定出相互关系，根据相互关系重要程度，按重要等级高的部门相邻布置的原则，安排出最合理的布置方案。

表 2-6　区域关系密切程度分类表

代号	密切程度
A	绝对重要
E	特别重要
I	重要
O	一般
U	不重要
X	不予考虑

表 2-7　区域关系密切原因分类表

代号	关系密切原因
1	使用共同的原始记录
2	共用人员
3	共用场地
4	人员接触频繁
5	文件交换频繁
6	工作流程连续
7	做类似的工作
8	共用设备
9	其他

然而，上述方法一般见于美国企业，但是美国公司关于空间的概念并不普遍。例如，某日本公司约 200 人在一间大房间里办公，他们在开放式的空间里工作，办公桌挤在一起称为“小岛”。“小岛”按长长的一排来布置，经理坐在一排的最后，俗称经理为“靠窗族”。属下都在他视线内，即对部门的一切事情都知道。当有重要来访者，会将他们安排到别的房间而不在这样拥挤的办公室里。在日本公司里一般只有公司总经理以上的人员才有独立的办公室。

在台资企业里都是按部门有隔间，但隔间的墙壁 50% 以上是透明玻璃，只有总经理以上人员办公室的玻璃窗有百叶帘。采光度高的是开放式的办公室，其次是透明玻璃的办公室，然后才是办公室玻璃窗有百叶帘的办公室。这是介于美国与日本之间的一种方法。

中国大陆企业的办公室一般用水泥墙完全隔断，采光度不好，隐私性好，但坏处很多，比如员工在里面吃饭，议论他人、他部门，玩游戏、打牌等现象都有可能出现，就会产生管理上的隐患。

还有一些布局上的考虑是普遍适用的（其中一些既适用于工厂也适用于办公室）。他们必须成组地工作，或与上司一同工作。工作区域的所有部分还是只有一部分安装空调，所有雇员都使用同一个进出通道、休息室、柜子或者咖啡室。

正如前面所提到的，布局是艺术和科学的一部分。从科学的角度来看，办公室里一张纸的传递与工艺导向布局的零件流动一样，可以用同样的方法来分析。

四、综合因素矩阵分析法

一个布局一般有数个方案，每个方案里的每个项目最高分为 10 分，每个项目的评分等级在 2 分之间，如表 2－8 所示。

对于制作出来的布局方案，进行其判定的条件相互比较评价，对满足最好的项目记为 10 分，再将其余方案与之比较，给出其他方案的每个项目的评分（10～2 分之间）。对于重点的项目应将最为平衡、得分最高的方案挑选出来作为暂定方案，再经补充改进后确定为最后方案。

表 2－8　布局综合因素分析矩阵表

	占用面积大小	物流成本	实施成本与提案改造费用	实施时间	为将来预见性	合计
	权重 4	权重 2	权重 2	权重 0.5	权重 1.5	
方案 A						
方案 B						
方案 C						
方案 D						
方案 E						
结论	（例如） 1. 布局占用面积要充分利用，产品的物流要顺畅，搬运工作量少 2. 布局的改造成本低 3. 布局的形式要对产品的（品种、数量）变更、改良、再设计等变动的便利性高					
备注	方案评分等级：					
	等级→	最好的	很好的	一般的	差的	较差的
	得分→	10	8	6	4	2

五、布局方案决策步骤

布局方案决策步骤，具体如图2－21示。

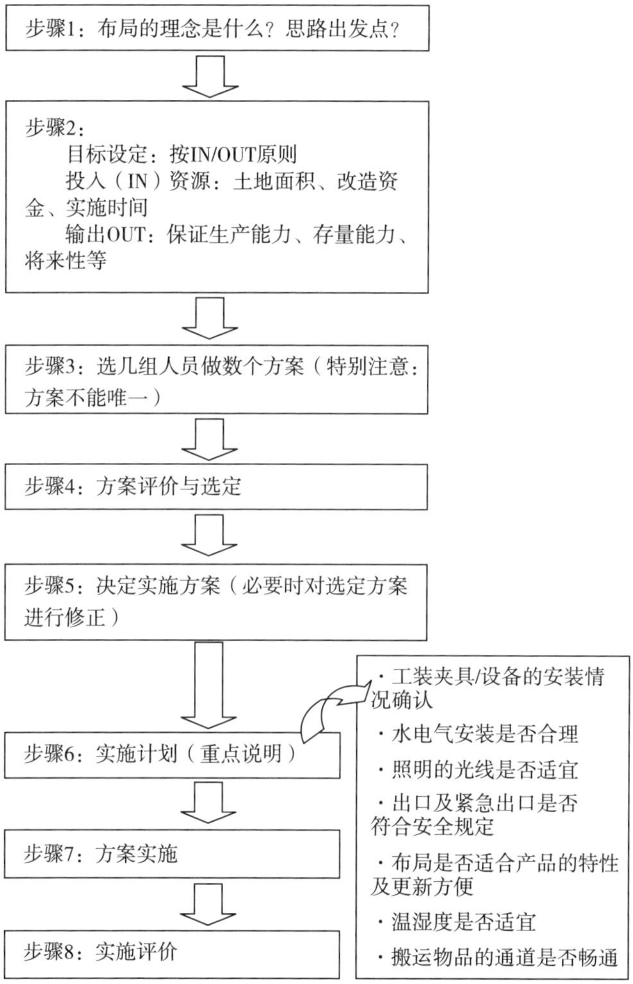

图2－21 布局方案决策步骤

六、布局评价指标

布局评价指标，具体如表2－9所示。

表 2－9　布局评价指标

No	评价指标	举例与公式
1	直通率	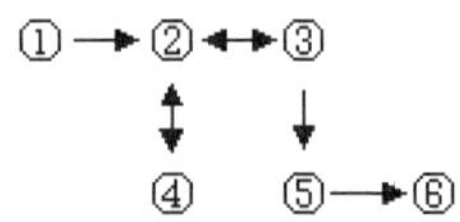 ·如右图所示的平面工艺流程中①→②、②→③、②→④是顺行，③→②、④→②为逆行，对这种顺行与逆行的程序状态进行比较评价的指标 ·对策：研究将②③④工序合并的方法与对策，将逆行部分与前工序合并实施“一个流”改善，并配合工装设备的改造 ·直通率＝直通次数/生产总数
2	移动接近率	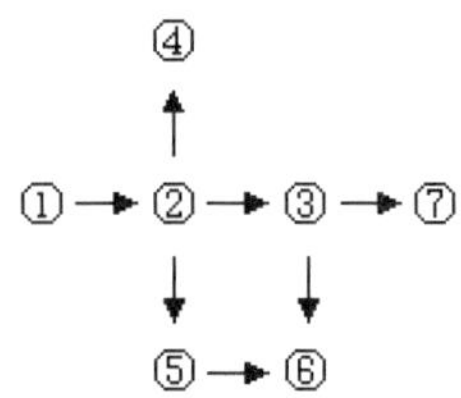 ·以物料移动次数和距离区分，直接工序距离 1 米内和非直接工序，将直接工序占整体工序的比例定义为：移动接近率 ·对策： ①②在同一工序运行，并要在 1 米以内进行 ④工序物流量很少的情况下消除合并，提高①②工序的能力 ·移动接近率 ＝ 生产相关面积／整体面积
3	面积利用率	·与生产相关的面积，包括生产设备、中间在制品、进出料的堆放区，以及办公室、休息室，都作为计算内容 ·面积利用率 ＝ 生产相关面积／整体面积

第三章
程序分析

❶ 程序分析概述

程序分析在 IE 里面有着极其重要的地位，它与第二章讲的布局分析一样都是属于比较宏观的内容。IE 里面还有一种更细的方法即动作分析和时间研究，把更细的东西和宏观的东西联系到一起的就是程序分析。如布局和动作、布局和时间等之间的分析是有联系的，这个联系就是程序分析，程序分析在 IE 里面的位置是介乎于宏观与微观之间。

国内很多企业程序分析能力比较薄弱，程序分析做得薄弱的企业，产品很难做得好，首先它的质量、工艺、管理等条件肯定跟不上。另外在制造企业如果连程序分析都做不好的话，后面的一些细致的管理如动作分析、人机联合分析，包括基本的设计开发管理等肯定做不好，更不用说做到极其顶端，因为程序是各项工作的基础，程序出不来，工作的细分就难以做到。

比如，国内很多企业，当需要参考工艺流程时，企业仅能提供图纸，拿不出来其他的工艺过程管理，这是和很多世界型的企业差得比较远的地方。国内企业如果想快速进步的话，除了关注图纸以外的产品分析，工艺管理也变得异常重要，而管理工艺是程序分析一个极其重要的环节。

下面我们来看一下什么是程序分析。

一、程序分析定义

所谓的程序分析就是把生产组织过程中的物流过程、人的工作过程、业务流程，通过一定的符号把它真实准确地进行记录、分析、确立。通过这种工序去了解整个组织生产过程中的整体状态从而了解及把握现在流程的问题点，同时也指明我们如何按照标准的物流过程、人的工作过程及业务流程去实现产品品质稳定的、高效的组织性工作过程。

二、程序分析的种类

程序分析按分析对象不同，分为以产品工艺为中心的产品工艺分析和以人为中心的作业流程分析，同时为表达操作者与机械之间的作业程序或多名操作者之间的作业程序，又有联合作业分析。其中联合作业分析又因作业的对象不同分为作业人员分析法和共同作业分析法。

还有对办公流程、手续流程、账本流程进行分析的方法，即业务流程分析及以改善课题为目的的价值流程分析（即 VSM 分析，VALUE STREAM MAPPING）。

因此程序分析根据分析的对象不同，分析的方法也是不同的。程序分析主要的分类体系如图 3－1 所示。

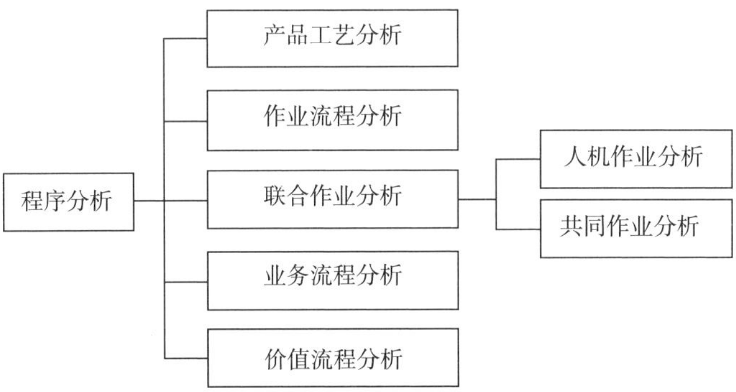

图 3－1　程序分析分类体系

为便于更好地理解和区分这五种分析方法，了解各分析方法的目的、工序特征、优缺点等，我们将各种分析方法进行了归纳总结，如表 3－1 所示。

表 3－1　程序分析方法对比表

方法	目的	工序特征	优点	缺点
产品工艺分析	产品的生产工艺流程	多人通过多台机器制造同一产品的工艺过程	什么样的产品加工工序都可以分析与工序管理图对照易于分析	作业者的动作不明了

续表

方法	目的	工序特征	优点	缺点
作业流程分析	作业者的作业流程	一人通过不同的机械和工具，在几个作业区之间加工，制造多个产品	作业者的多余动作易于发现，作业才自己对作业方法的改善比较有效	因为作业者不同而结果有所差异，必须紧随作业者方可观察其行动。
联合作业分析	人与机械、人与人的时间关系	一人操作多台设备的情形，几人共同完成一项工作的情况	彼此之间的时间关系及空闲时间清楚明了人与机械的运转状态清楚明了	彼此之间没有时间关系的情况下分析也没用需要一定程度的时间精度要求
业务流程分析	管理标准化，加快信息传递速度，提高业务效率	跨部门多人连续业务转接多，部门本位主义普遍发生	业为流程与相互关系明了，责任清晰化体现，管理标准化	时间关系不够明了，标准化较困难，受特权文化影响严重
价值流程分析	发现问题，寻找改善课题	分析实物流程与信息流程经过的环节，是有价值还是在浪费	跨越部门与工序，从流程途径环节是否有增值分析各环节存在必要性与改善的空间	途径流程或工艺环节细节看不到，比较宏观

三、程序分析的手法

（一）5W2H 方法——提问技术

为了确保分析时能够收集到更多的意见，且不会有任何的遗漏，可以设置如表 3－2 所示的提问项目逐项进行提问，并进行客观的解答。

表 3－2　5W2H 提问表

疑问＼项目	问题	原因	改善方向
Why	目的是什么	为什么	去除不必要及目的不明确的工作
Where	在什么地方执行	为什么	有无其他更合适的位置和布局
When	什么时候做此事	为什么	有无其他更合适的时间与顺序
Who	由谁来做	为什么	有无其他更合适的人
What	做什么	为什么	可否简化作业内容

续表

疑问 \ 项目	问题	原因	改善方向
How	如何做	为什么	有无其他更好的方法
How much	花多少钱	为什么	可不可以投入更少的成本

通过表3-2这样系统的提问及工艺分析检查表逐项核实，可以最大限度地发现现有产品工艺的问题点。

（二）ECRSC原则——改善方向

对现有的工作方案进行考核分析的目的是为了建立新的工作方法和新的工作秩序，这样就要求改善工作打破传统的工作方式，灵活运用以下（如表3-3所示）五大原则对现行的工作方法进行革新。

表3-3 ECRSC原则

符号	名称	内容
E	取消（Elimination）	在问过了“是什么”“是否必要”及“为什么”等问题后，而无满意答复皆非必要者，即予以取消
C	合并（Combination）	对于无法取消而又必要者，看是否能合并，以达到省时的目的
R	重排（Rearrangement）	经过取消、合并后，可再根据“何人”“何处”“何时”三提问进行重排，使其能有最佳的顺序，除去重复，使作业更加有序
S	简化（Simplification）	经过取消、合并、重排后的必要工作，就可考虑能否采用最简单的方法及设备，以节省人力、时间及费用
C	共享（Communion）	业务过程中需要知晓的信息，在一份共用的表单中实现，使简单化后的信息可以共用，避免重复作业

（三）产品工艺分析检查表

产品工艺分析检查表将工作中可能涉及的问题进行了汇总，这样大大简化了思考过程，使分析过程变得更直观、更简便。产品工艺分析的内容可以根据分析者的需要自行设计，如表3-4所示。

表 3－4　产品工艺分析检查表

工艺名称		姓名：		部门：
项目	内容	检查结果		说明
		有	无	
有无可省略的工序	是否有不必要的工作内容			
	有效利用工装设备省略工序			
	改变作业场地			
	调整改变工艺顺序			
	设计变更			
	零件、材料规格变更			
有无可以与其他工序重新组合的工序	改变作业分工的状态			
	利用工装设备			
	改变作业场地			
	调整改变工艺顺序			
	设计变更			
	零件、材料规格变更			
简化工序	使用工装夹具			
	产品设计变更			
	材料的设计变更			
	工序内容再分配			
各工序是否可以标准化	利用工装设备			
	作业内容是否适合			
	修正作业标准书			
	标准时间是否准确			
	有否培训			
工序平均化	工序内容分割			
	工序内容合并			
	工装机械、自动化			
	集中专人进行作业准备			
	作业方法的培训			
	动作经济原则下的作业简化			

❷

产品工艺分析

一、产品工艺分析定义

产品工艺分析是以工序作为分析的单元，分析的是工序与工序之间的实物流程。那什么叫工序呢？所谓工序是指一个或一组工人在一个工作地点上进行加工，直到变换下一个工作为止所进行的一切连续的活动。例如，对加工一个零件来说，使用的设备和工作地变了，工序就变了。

二、产品工艺分析的目的

产品工艺分析的目的是在分析过程中通过对各工序的作业内容、使用设备工装、作业时间及搬运距离的调查记录和分析，发现生产流程中存在的问题，并进行有效的改善，消除生产过程中的不合理及浪费。

产品工艺分析的对象是产品的工艺，它是以设计或改善作业顺序为目的的分析手法，其分析的目标在物流上，产品工艺分析遵照作业工序的顺序，用一定的图表符号来表示物品的流动方向，再辅之以各工序作业的布局流向图，这样就能更好的提高产品质量和生产效率。

三、产品工艺分析的作用

（1）调查原材料、零件、在制品等的加工、搬运、检查、停滞的流向与状况。

（2）分析加工、搬运、检查、停滞等动作有没有浪费。

（3）针对产品在加工、搬运、检查、停滞等动作过程中的浪费情况制订合理可行的改善方案。

四、产品工艺分析的符号

产品在经过材料、零件加工、装配、检验直至完成品为止的工序流程状态是以加工、搬运、检查、停滞等进行分类记录的，并用线相连表述产品制造流程的方法。

不论什么类别的工厂，常见的生产工序一般分为加工（组装）、检查、搬送（运输）、停滞储存四大类。在工艺流程分析里面，用图表和符号来表述各工序的具体流向将成为程序分析里面的一个重要的基础性工作，因此产品工艺分析也会用到专门的符号来表述，以给分析工作带来便利。

符号作为一种表现形式在 IE 分析里面起着极为重要的作用，近年来许多西方企业的发展取得了令人瞩目的成就，这与他们注重工艺分析的表述形式是分不开的。

IE 分析与传统教育最大的区别是它既强调重视内容也重视形式。任何内容都会有一个载体来表述，好的形式将会决定你所表述的内容能够被准确地、高水平地表达，这恰恰是许多国内企业比较缺乏的地方。20 世纪后半叶的一些发展较快的东方企业如韩国、日本的企业也相继意识到这一问题。

在一种认知体系中，符号是指代一定意义的意象，可以是图形图像、文字组合，也不妨是声音信号、建筑造型，甚至可以是一种思想文化、一个时事人物。

例如，“＝”在数学中是等价的符号，我们试想一下在数学中，如果没有阿拉伯数字“0、1、2、3……”，没有“＋、－、×、÷”等符号，怎么用汉字来表述一个计算题，如“325×80×2＝?”如果你单纯地只用全中文文字来表述的话非常困难，我们国家在数理化方面有很多优秀的科学家但是没有系统的科学，其原因在哪？没有找到一个简洁的符号形式去表达、表征物理化学的基本逻辑是其中的一个重要原因。当找不到逻辑时，人的逻辑思维就不能深入下去。因此做程序分析一定要关注符号、关注形式，由此我们程序分析也一样是从符号开始。

产品工艺分析的分析符号在 ISO 里面还没有国际标准，不像米、秒之类的已经国际化了。在现在的企业里经常会用到两类标准，一类是日本的工艺工程协会（JIS）标准，它的程序符号是在1966年公布的；另一类是美国的工业工程师协会（ANSE）标准，它是1979年公布，在1982年修订的。一般企业使用美国工业工程师协会公布的符号，如表3－5所示。

表3－5　工艺流程基本符号

NO.	工序名称	符号名称	JIS 规定	ANSE 规定	符号表示的内容
1	加工	加工	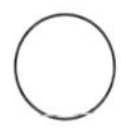	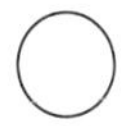	表示原料、零件或产品，依其作业目的而发生物理或化学变化的状态
2	搬运	搬运	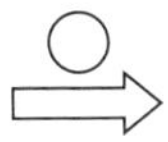	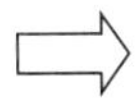	表示原料、零件或产品由某位置移动到另一位置的状态，日本符号圆的大小为加工符号的1/5～1/2
3	检查	数量检查		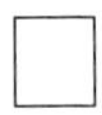	表示对原料、零件或产品做数量检验或对其加以测定，并将其结果与基准比较，以判定合格与否的质量检验
		质量检查	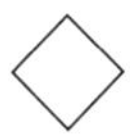		
4	停滞	贮存	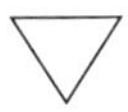		表示原料、零件或产品，不在加工或检查状态，而是处于贮存或停留状态（预定的下一工序未能立即发生而产生的暂时的、不必要的停留）
		停滞			

在实际工作中，我们经常会遇到这种情况，有些加工中有检查、检查中有加工，工序发生了重叠。这说明上述的工序分类还是比较宏观、基础性的，我们还可以根据企业的实际情况进行细分，派生出其他组合符号，如表3－6所示。

表3－6　工艺流程组合符号

序号	符号	意义
1		原材料保管

续表

序号	符号	意义
2		B零件的第5道加工工序
3		加工的同时进行检查（以加工为主）
4		工序间的暂放
5		加工中的暂时存放
6		质量检查与数量检查同时进行，以质量检查为主
7		数量检查与质量检查同时进行，以数量检查为主

五、产品工艺分析的分类

产品工艺分析法有四种类型，根据产品各工序的不同流向划分为直列型、合流型、分支型、复合型，产品工艺分析一般是由这四种组合而成。

（1）直列形。由一系列单一的工序组成，并由同一材料制成同一产品的过程，我们称之为直列形，有的书上也称之为“单一形”。

如表3－7所示的TRX屏蔽盒的作业流程，它将物料的搬运、加工、放置等工序用工序图记号表述出来，绘出的流程图无分支、无复合、无合流等，近似一条直线，所以我们叫它直列形。

（2）合流形。工程有两个或两个以上的起点，工程中的某一个工序所使用的原材料、零件、制品有多个来源，多个序列的工序汇集成一个序列的工序，这种类型称为合流形。

（3）分支形。一个序列的工序分成多个序列的工序，即产品在加工中途出现作业分支，我们叫它分支形。

（4）复合形。在加工中途出现分支，然后再合流的工序叫复合形。

六、产品工艺分析的实施步骤

产品工艺分析是对工作现场的宏观分析，以生产现场的原材料、零部件或产品作为分析的对象，分析工序是如何进行的，是将着眼点放在物流上来进行分析调查的一种，因此它的具体的分析步骤就是以产品的流向为导向。

（一）现状调查

在确定改善对象后，应该对改善对象的现有工作状况进行调查，利用IE 手法准确收集第一手真实的、具有分析价值的资料，对生产规模、生产状况、产品名称、工作内容、工序流程、生产计划等一些具体的情况进行了解。

如现在要把公司屏蔽盒盖工序作为改善对象，就应该对屏蔽盒盖工序进行全面的调查，了解各方面生产情况，如分析对象、作业内容、生产批量情况、工序内容、移动距离、所需时间等数据进行调查记录，并描绘现状的流程图。

（二）描绘现状流程图

根据掌握的情报对现有的状况用符号和图表的形式进行描绘，现状的流程图最能说明生产现场的情况，它对了解生产状况有很好的作用。

仍以屏蔽盒盖工序为例，具体如表 3－7 所示。

（三）改善方案的制订

对生产现状进行调查后，就应该根据收集到的资料对现状的流程进行分析。分析者根据需要设计出产品工艺分析表，列出各工序存在的问题点，并制订具体的改善方案。改善方案内容应该是经过多人多方面探讨得出的，综合考虑各种因素进行分析。

表3－7　TRX屏蔽盒的工序分析表

分析对象：屏蔽盒盖		分析年月日：2014-09-16						分析者：宋某某	
工序		内容				数量	距离(m)	时间(h)	备考
		○	⇨	▽	□				
1	来料校形	●				10		0.182	小批量移动
2	搬运到机加工区		●				42.0		校形处到X11机
3	飞大面	●				930		21.576	批量加工
4	等待搬运到钻孔			●				10	
5	搬运到钻孔加工区		●				28.5		X11机到钻孔处
6	等待被加工			●				5.5	白班等待
7	钳工加工	●				930		42.684	批量加工
8	等待铣腰孔			●				4	
9	搬运		●				63.8		从钻孔处到X16机
10	铣腰孔	●				930		9.215	批量加工
11	等待搬运到清洗房			●				18.0	下午3:10结束
12	搬运		●				56.3		铣腰孔到电梯处距离
13	等待清洗			●					下午3:23等待清洗
14	清洗	●				930		4.815	下午4:15准备清洗
15	搬运		●			930	29.3		下午4:16开始清洗
合计							219.9	115.972	

注：阴影部分为等待搬运时间

可以从以下四个方面着手分析，如表3－8所示。

表3－8　产品工艺分析表

工艺名称	屏蔽盒盖	姓名：		部门：
项目	改善的着眼点	检查结果		说明
		Yes	No	
加工	有没有瓶颈工位			
	能否提高作业员的技能			
	能否提高设备的能力			
	可否合并一些作业			
搬运	能否减少搬运的次数			
	能否缩短搬运的距离			
	能否通过布局的改善来取消或减少搬运工作			
	搬运的设备是否合用			

续表

工艺名称	屏蔽盒盖	姓名:		部门:
项目	改善的着眼点	检查结果		说明
		Yes	No	
检查	能否减少检查的次数			
	有没有可以取消的检查			
	检查的方法是否合适			
	检查时间能否缩短			
停滞	能否通过合理的生产安排来减少停滞时间			
	能否减少生产批量			

通过屏蔽盒盖工序的现状流程图及产品工艺分析表可以了解到屏蔽盒盖工序等待搬运时间过长，生产批量过大，搬运距离过长，这样就考虑从这几个方面着手改善，并制订理想的改善方案。

（四）绘制理想的流程图

从加工、搬运、检查、停滞四个方面着手去制订改善案，削减作业过程中等待的浪费，并减少生产批量以达到削减在库的目的。由于生产现场设备较大，初期布局不合理，改善移动不便因此无法通过调整布局来减少搬运距离，针对以上的调查结果做了以下的改善案，如表 3 -9 所示。

表 3 -9　TRX 屏蔽盒的工序分析表（改善案）

分析对象：屏蔽盒盖		分析年月日：2014-09-20						分析者：宋某某	
工序		内容				数量	距离(m)	时间(h)	备考
		○	⇨	▽	□				
1	来料校形	●				10		0.182	小批量移动
2	搬运到机加工区		●				42.0		校形处到X11机
3	飞大面	●				300		6.958	
4	搬运到钻孔加工区		●				28.5		X11机到钻孔处
5	钳工加工	●				300		13.769	
6	搬运		●				63.8		从钻孔处到X16机
7	铣腰孔	●				300		2.973	
8	搬运		●				56.3		铣腰孔到电梯处距离
9	清洗	●				300		1.553	
10	搬运		●				29.3		从电梯到刮毛刺区
合计							219.9	25.435	

注：阴影部分是瓶颈工序

（五）改善方案的实施

制订出改善方案后，下一步就是付诸实施。改善方案的实施是所有改善过程中非常关键的环节，再怎么合理的方案如果在具体的实施过程中没有按照制订的方案贯彻实施的话，其结果跟预定实施的结果会有很大的出入，如果控制不当的话可能会收效甚微。

在实施过程中应对实施过程进行适时控制，对出现的问题及时提出对策，查出问题出现的原因，并做好工作记录，在下一个项目的实施方案中充分考虑此类问题，以免重蹈覆辙。

（六）实施后的效果评估

检查方案实施后的效果是否达到了改善的目的，是否削除了搬运过程中的等待浪费，是否减少了中间库存等，并总结取得成果的经验和具体实施过程中的不足。

此次改善在最大程度上削减了搬运过程中的浪费，生产批量也控制到最小，大大减少了中间库存，但是同时此次改善也有不尽如人意的地方，由于设备的大型化，搬动不便，因此没有达到缩短搬运距离的目的。

（七）将实施方案予以标准化

方案在实施过程中取得了好的效果后，便可以将其标准化，这样不论是谁，不管是在什么生产工序，都可以按照作业标准书工作而不会出错，在重要工序还可以避免由于人员流失造成的不必要损失。

七、产品工艺分析的发展

在生产过程中仅仅有流程分析够吗？仅仅看一下流程图就可以了吗？当然是不行的。

产品工艺流程是在产品设计开发立项之前就做好的，但仅有图纸和流程图是不能保证产品品质的，大量的事实证明：在设计开发阶段，产品质量非常好，但是在大批量生产时由普通工人来做却不甚理想，这就意味着只有产品工艺流程图是不够的。为了使产品的品质能得到保证，一些大型的跨国企业在产品工艺流程分析的基础上还实行过程可靠性分析。

FMEA（失效模式及后果分析）指的是产品设计师从电器规格、安全规格、产品的实验性能等各方面站在顾客的角度上去评价，在不同的环境下使用是否可靠，其在研发管理中经常被用到。关于 FMEA 我们在此不进行重点阐述，很多书都会有详尽的讲解，我们现在要讲的是制造过程可靠性分析。

一般说来，新产品量产期间都不会出现很大、很频繁的品质问题，都是一些小问题，比如线没插好、胶没点好、胶纸歪斜、设备加工变形、虚焊等。这些就意味着我们在进行新产品开发前要注意产品过程的可靠，即制造过程可靠。

产品的生产是由人及设备来决定的，是由人按照一定的方法使用设备和工具，并使用符合标准的物料来生产，而且在生产的过程中需要一定的环境、一定的场所，这就是所谓的过程可靠，即 4M2E（人员、机器、物料、方法、环境、测量）可靠。过程可靠性分析即要求流程里的每一个工序，用 4M2E 的条件理顺，制订保证工序一览表（QCFC 图），如表 3－10 所示。

表 3－10　保证工序一览表（QCFC）

机种：H5801　　　　　单元：本体

工序顺序	物料信息		品质要求	作业内容	标准时间	工具/耗材	设备/仪表
	料号	名称					
05010							
05020							
05030							

而每一个工序的详细作业方法、顺序、要求则通过作业指导书的形式予以保证（在第七章中将进行详细阐述）。下面提供一个实例供读者参考，如表 3－11 所示。

那我们为什么要这样做，这样做会给我们带来什么好处呢？

企业在新产品投产初期会有大量的前期准备工作要做，太多工作难免会让我们措手不及、顾此失彼。为了万无一失，应做好工作计划，部署好每一步工作。

表 3－11　保证工序一览表实例

保证工序一览表（QCFC）								记　号	△担当者　▲班长　○系长 ◇品质担当 □检查员　●课长			
作成部门名	生 产 线 名	标 准 书 No	适用机种	总页数	6	页数	1	批 准	审 核	检 查	作成	
课　系	卷线二线	CSZ－W02	P/PV 系列									

工程 No	工程名	使用设备	管理方法：设备 管理项目	设备 管理基准	品质 管理项目	品质 管理基准	频率	测量方法及器具	记录方法	管理担当	标准书 No	备注
005	刻印	刻印机	0 点调整	刻印机零点			1 次/班	百分表	设备保全检查表	△▲○		
				调整指导书								
			增压油缸油量	规格线内			1 次/班	目测油管	设备保全检查表	△▲○		
			气 压	0.4～0.6 MPa			1 次/班	压力表	设备保全检查表	△▲○	CSZ－W02－	
					铁芯高度	切换表	全数	机器自检	——	△	005	
					刻印位置	正端面两侧	全数	目测	——	△		
					刻印清晰度	容易看清楚	全数	目测	——	△		

编号	年　月　日	改　订　经　历	作成	检查	审核	批准

表3－11就是我们部署工作的最好表现形式，它精确列出了：作业内容、品质要求、作业标准、工具清单、设备清单、耗材清单、人员安排、人员成本等生产所必需的基本要素，一目了然。还可根据公司的实际情况加上工作流程、人力配布、工作需要的时间、物料需求与BOM等。

如果拿工序保证一览表来指导工人工作的话，将会大大节省对工人的教育培训时间，并且能取得很好的效果，因为员工可以不用任何人的协助就能看懂，并且明白自己应该怎么做。

有了流程图，有了工序保证一览表，我们的工作就容易多了，这样不仅可以让我们生产出的产品可靠，而且也可以保证生产中的每一个过程可靠，从根本上杜绝了产品的品质隐患。

除了通过保证工序一览表来保证产品的质量以外，还可以进行品质预测来保证产品的质量。

（一）品质预测活动

所谓的品质预测活动就是利用我们已有的经验，再根据被预测对象本身的特点、特征，事先预测生产环节中可能出现的问题，使之在未发生之前就采取对策，做到“防患未然”。

品质预测的关键是“问题意识”，我们知道从问题出现到问题发生之间会有一些异常表现，经验丰富或问题意识强的人，能在很短的时间内感知到异常，并采取必要的措施加以预防，如图3－2中b的位置。而对不敏感、问题意识弱的人来说，往往等到异常已经到了难以挽救的程度才感知到，这时损失已经造成。

而品质预测是在图3－2中a的位置，即在无异常时就提前预知。这样一来我们可以将制造企业中处理品质问题的方法分为三种水平：

第一种，发生问题迅速应对处理。

第二种，发生问题不仅仅能迅速应对处置，还能找到杜绝类似事件再次发生的对策。

第三种，事先预测可能发生的问题，在问题发生之前就采取对策。

前两种处理形式均是被动性，是事后处理型。第三种为主动性，是事先对策型。我们这里所说的品质预测模式就属于第三种形式，即在问题爆发前便发现并排除潜在的问题。如图 3－2 即在 c 点前排除问题。

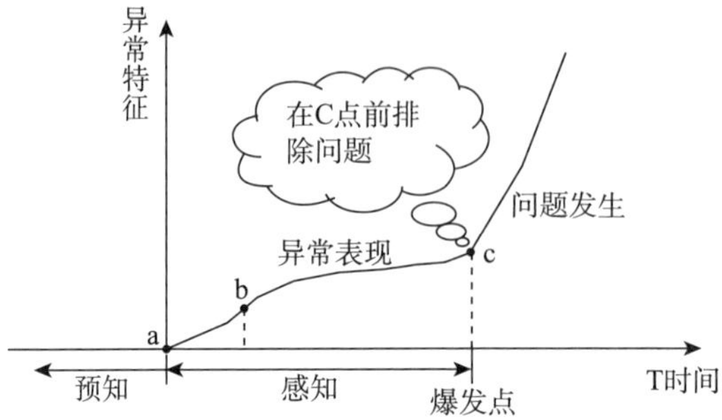

图 3－2　异常、问题随时推移的关系图

（二）品质预测改善

我们来看一组组装作业。产品在设计开发初期，组装作业时无任何保护措施，螺丝刀及螺丝一不小心就会碰伤周围的 IC，产品质量无法保证。设计人员考虑这一点以后，增加了一个限位夹板，在进行组装作业时，只需将限位夹具盖下，对准限位孔打螺丝，这样就不会碰伤周围的零部件了，而且工作起来极为简便，如图 3－3 所示。

改善前：

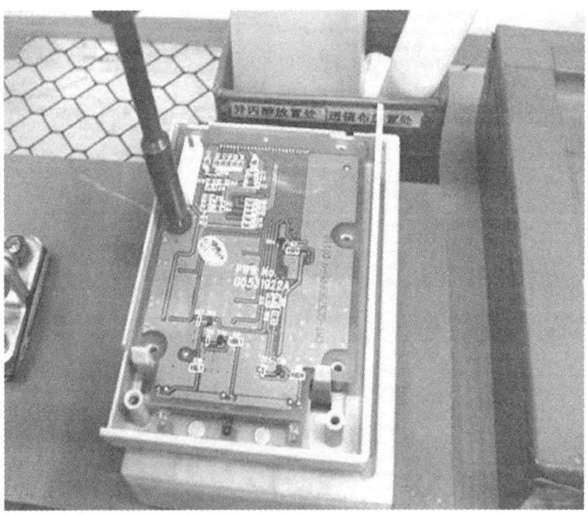

图 3－3　品质预测改善事例

改善后：

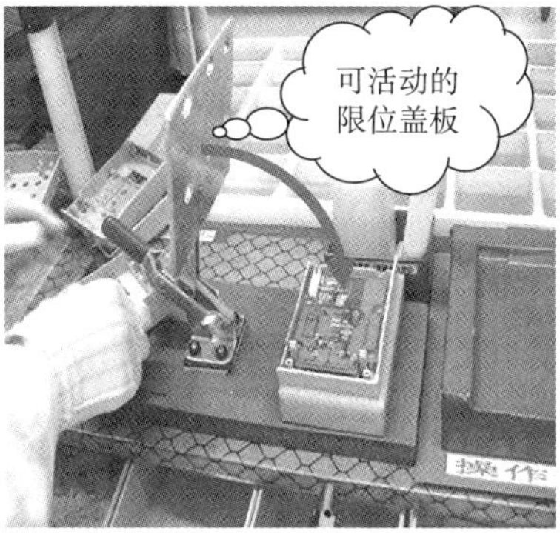

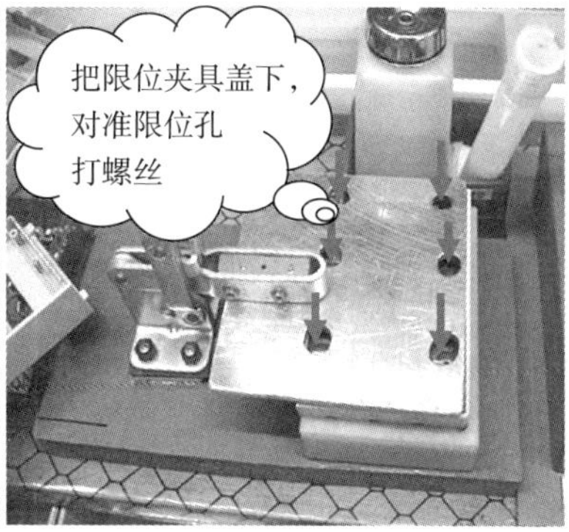

③ 作业流程分析

一、作业流程分析的定义

作业流程分析与产品工艺分析大致相同，只是分析的对象不一样而已。产品工艺分析的对象是产品的工艺流程，而作业流程分析的对象是进行实际操作的人。作业流程分析就是将作业人员的工作流程视作产品流程一样分析，作业流程分析在分析的内容上比产品工序分析更加细微，但在分析的范围上要狭窄。

作业流程分析是将同时处理多项工作的作业者的行动分为“作业”、“移动”、“检查”、“等待”四种工序，并以符号进行图表描述的分析手法，其使用符号与产品工艺分析基本相同（如表 3－12 所示）。作业工程分析一般会结合实际线路图来分析。

表 3－12　作业流程分析符号

NO.	工序名称	符号	符号表示的内容	备注
1	作业	○	使原材料、零部件或产品的性能、形状发生改变的过程	包括为加工、检查而作的准备工作
2	搬运	⇨	搬运或搬运人员自身的移动	当搬运作业与单纯的移动相区别时用“○”
3	检查	□	表示进行数量检查	
		◇	表示进行质量检查	
4	等待	▽	因物料供给不及时、搬运工具的到达时间的延误或者机器加工等引起的等待	

二、作业流程分析的目的

作业流程分析与产品工艺流程分析大致相同，因此作业流程分析的操作方法和产品工艺流程分析的操作方法也大致一样。作业流程分析法是在作业人员一边移动一边作业的情况下进行的分析。我们可以对作业人员进行观察，发现作业人员作业中存在的不合理、不均衡、不经济的动作，并进行改善，从而达到改善分析的目的。

（1）作业流程分析可以发现作业者在作业过程中的不合理的作业手法和操作流程，予以更正，并明确作业操作者的作业程序。

（2）发现作业者作业过程中存在的浪费现象并加以改善，如作业过程中空走或等待等。

（3）每个工序是不同的，因此每个工序所分配的时间是不一样的。对作业者的时间分配状态和各工序的分布状态进行分析，作为流程改善的基础资料的数据使用。

（4）明确各工序的作业内容、作业顺序、作业目的。

（5）可以根据收集的资料进行设备的合理配置。

三、作业流程分析的步骤

作业流程分析的步骤跟其他流程分析的步骤一样，尽管在分析的对象上存在着人与物的区别，但作业人员工序分析法的步骤也可以和产品工艺分析法相同。

（一）进行现状调查

和所有的工序分析一样，在进行作业流程分析前也必须对现有生产规模、生产状况、设备配置、作业内容、物料的需求状况、产品的品质标准等进行调查，尤其对作业的内容、作业者的工作方法、作业对象、作业者的熟练程度等做详细的调查。

现在我们以电脑配件公司组装生产现场的作业为例。组装现场搬运距离较远，人员来回走动时间浪费较多，作业者检查频繁，这样给作业者带来不少的麻烦。

（二）绘制现状流程图

现状流程图是最能说明生产现场的情况，通过符号形式表示的现状图能从多方面显示作业者在作业过程中的情况，实际线路图对实际生产情况的详细了解具有辅助作用。现状流程图能让我们更好地了解生产的具体情况（如图 3－4 所示）。

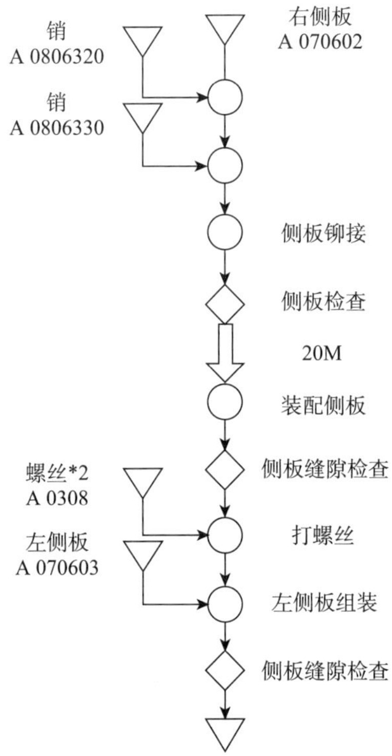

图 3－4　现状流程图绘制案例

（三）改善方案的制订

对生产现状有一定的了解后，就应该对现状的流程进行分析，找出各工序存在的问题点，并制订具体的改善方案。改善方案内容应该是经过多个人员多方面探讨得出的，综合考虑各种因素进行分析。

通过 ECRSC 原则，以发现工作中存在的浪费。如作业者的工作是否满负荷、是否有等待的现象；作业动作是否有不必要的延迟；动作距离是否可以缩短；动作路线、方法、次数是否适当；是否有可以合并的动作，如加工和检查是否可以同时进行等；是否有动作的浪费及相关的配置、顺序、组合是否适当；动作对品质、效率的影响和可能的改善点。

灵活运用5W2H提问法和工艺方法检查表对各工序逐一核查，发现在工作中存在的不合理情况，去除不必要及目的不明确的工序，对不合理工序位置布局进行调整，寻找更优的作业顺序及作业方法，简化作业内容及选定作业人员等。

因此在制订方案时，我们应从各个不同的角度来验证方案实施的可行性，并且要对方案进行评估，预测在实际的实施过程中可能出现的问题，并做出相应的预防对策，这样不至于在出现问题后措手不及。

改善方案的制订要全面细致，一般会包括具体时间的安排、人员的培训、人员的调动、财力及物力的筹备及安排等。

(四) 描绘理想的流程图

所谓理想的流程即在生产过程中排除了各种浪费和不合理工序后的流程(如图3-5所示)。

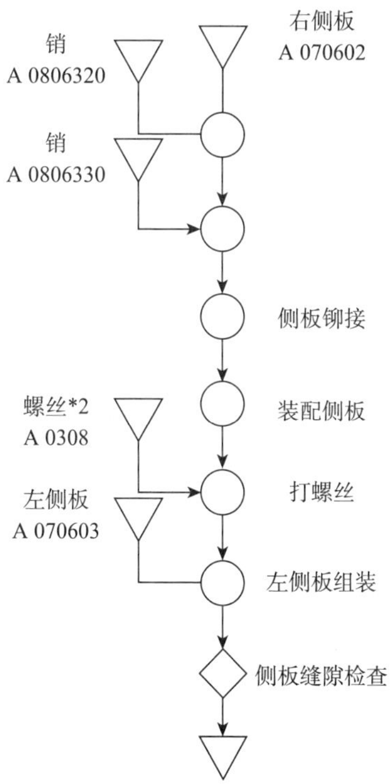

图3-5 理想流程图绘制案例

它通过找出生产中各工序存在的问题点，对各工序进行分析且加以改善，剔除不合理的因素，并用一定的符号在流程图上表现出来，绘成具体的流程图。流程图能客观全面地反映作业者的工作内容、作业方法、作业方式、物料的情况及作业改善前后的对比情况。

（五）改善方案的实施

制订改善方案后，下一步就是付诸实施，改善方案的实施是所有改善过程中非常关键的环节。再怎么合理的方案如果在具体的实施过程中没有按照制订的方案贯彻实施的话，其结果跟预定实施的结果是会有很大的出入，如果控制不当的话可能会收效甚微。

在实施过程中应对实施过程进行适时控制，并对出现的问题及时提出对策，查出问题出现的原因，并做好工作记录，在下一个项目的实施方案中充分考虑此类问题，以免重蹈覆辙。

（六）改善方案的标准化

方案实施结果如果较为理想的话，便可以将其用文件的形式固定下来，作为作业标准，将各工位工作的内容、使用的物料、使用的设备及工具、作业的条件、作业的顺序、作业的要点及注意事项等予以标准化。这样，在以后的工作中不管是谁、不管在什么情况下，作业者按照标准作业就不会出错。

④ 联合作业分析

一、联合作业分析的定义

我们知道工厂里生产活动并不只是一个作业人员只进行一种作业的单纯行为，它往往还涉及人与人、人与设备、设备与设备之间相互组合进行的作业。在生产现场我们会发现：一人操作一种设备、一人操作多台设备、多人共同作业、多人一台设备、多人多台设备。

经常有一人操作数台设备或多人共同进行一项作业，或者多人共享多台设备的情况，这时为避免时间上的等待或干涉，要对其进行效率改善，即联合作业分析。

联合作业分析是通过图表的形式分析人与设备、人与人之间的组合作业时间流程样式，找出人或机器在作业中因作业流程不顺畅而产生的浪费，从而达到有效改善作业流程的目的。

二、联合作业分析的目的

联合作业分析的目的就是通过对生产现场不合理的工作流程进行分析，用图表和符号的形式来表达人与设备或人与人之间的相互关系，暴露出作业流程中的不合理的现象，从而发现作业中因不均衡、不合理而导致的浪费，达到用更少的作业员、更短的时间，使作业员在作业负荷均等的情况下，达到作业改善更为有效的目的。

联合作业分析的符号如表 3－13 所示。

表 3－13　联合作业分析用符号

（联合作业分析的符号到现在仍无统一标准）

作业者			机　械		
	单独	与设备及其他作业者无时间关系的操作		自动	与操作者无关，自动工作的状态
	联合	设备与人共同作业，相互制约作业时		手动	准备、安装、取下及手动等作业者的活动，对设备的时间制约
	等待	由于设备或其他人的作业，造成作业者的等待		等待	由于作业者的操作造成的设备停转、空转

三、联合作业分析的作用

联合作业分析一般会达到以下几方面的作用：

（1）消除设备在生产过程中空转的现象，提高设备利用率。设备空转在众多浪费里面占很大比例，可以通过联合作业分析对设备进行稼动率分析以减少设备的浪费。

（2）消除作业人员在生产中等待的浪费，从而使生产效率得到根本提升。

在生产现场，机器设备几乎都是自动或半自动的，作业人员只要对机器进行“监督”或偶尔操作即可。因此在每一个操作周期都总有大部分的闲余时间，这些闲余时间如能加以利用不但可以提高生产力，而且能够降低成本。比如作业人员在等待一个制品加工过程中，对加工完的制品进行整修、检查或准备一下零部件等。

（3）使人和机器的作业负荷均衡。作业负荷不均衡会导致人和设备都可能会等待的情况。

（4）在生产初期可作为合理分配工作任务的依据。

（5）可对现有的设备进行改造。

在进行人机联合作业分析的过程中我们往往会发现，使用一些简单的设备或者对一些设备的简单改造可以在生产作业中取得事半功倍的效果。

如某公司在对五金冲压过程中，每片材料很难分离导致每个冲程设备等待，在对现有设备进行改善——使用分离器后，可以使五金冲压的工序时间减少5%~30%（如图3-6所示）。

图3-6 设备中的改善事例（钣金分离器）

四、联合作业分析的步骤

联合作业分析中，作业人员与机器分析法与一人多机、多人一机、多人共同作业的分析方法及步骤其实是一样的，只是分析的对象不同而已，因此我们本章只抽取作业人员与机器分析的方法进行详细阐述。

（一）进行预备调查

我们在对工序分析之前，应该对作业内容进行认真仔细的调查，包括生产状况、生产规模、设备状况、生产布局、生产流程、人员配备等4M2E各方面的实际状况，因为这些对我们了解各工序之间的状况有很好的现实意义。

我们来看一个实例：在作业现场，曾出现过这种情况，在新产品导入初期预测某设备的生产能力在大批量生产时会不够用，会发生因设备能力不够而导致交期延迟。初期预测是技术试作人员经过大量的试验而得出的，具有很高的准确性。

（二）绘制现状的流程图

现状流程图更便于发现工作中存在的人机配合问题，因此在改善初期将现状的流程绘制出来。

通过表 3 – 15 可以发现设备的稼动率非常低，每一个生产周期都有 38.8% 的时间发生空转，作业人员在生产过程中等待的时间浪费过大，同样占总时间的 40.8%，这样就要求对现状的作业流程进行改善。

（三）制订改善方案

以表 3 – 14 为例，既然我们已经发现了问题所在，那么，是什么原因导致这一问题？我们对该问题进行分析，并从人员、机器、物料、环境等各方面进行分解分析发现如下现象。

（1）作业人员为新员工，未经过系统作业知识的培训，并且本身未掌握一定的工作技能。

（2）设备较稳定，未出现过因设备故障而引起的延误。

（3）物料供应及时，无因断料而引起的延误。

（4）作业流程较顺，无过多的搬运、走动、流程迂回的浪费。

运用作业者工程分析和产品工艺工程分析对作业者和设备的作业周期进行分析，并绘制流线图，由此我们便可以绘制出表 3 – 14。

按照作业流程的顺序，将每一个工序用符号的形式表达出来，图中阴影部分是设备空转或人等待时间。由此我们可以发现，作业人员和设备的利用率都不是很高，而且都存在等待或空转的状态。在整个十分钟的作业过程中，人和机器都有四分钟等待时间，也就是说原计划日产 80 台现在只能生产 48 台。悬殊如此之大，这就是每天欠产的原因。

表 3 – 14　人机联合分析实例（现状）

时间	作业人员		机器	
	作业内容	时间（分）	时间（分）	作业内容
	准备零件	1.8	1.8	等待
	安装零件	1	1	被装上零件
	等待	4	4	加工
	卸下零件	1	1	被卸下零件
	检查、修整、放零件	2	2	等待
利用率	59.2%		61.2%	

（四）绘制理想的作业流程图

通过表 3－15 不难看出，作业人员在等待机器加工（4 分钟）时，可以对上一个零件进行整修、检查、放置（2 分钟），做下一个零件的准备工作（1.8 分钟），然后进行下一个零件的安装加工，就可以消除工作中的不合理的等待了。这样一来加工一个零件的时间由原来 10 分钟缩短至现在的 6 分钟，设备的利用率可达 100%，作业人员的作业效率可提高到 96.7%，比原来提高 37.5%

表 3－15　人机联合分析实例（改善后）

时间	作业人员		机器	
	作业内容	时间（分）	时间（分）	作业内容
	安装零件	1	1	被装上零件
	检查、修整、放零件	2	4	加工
	准备零件	1.8		
	卸下零件	1	1	被卸下零件

（五）作业改善方案的标准化

事实上生产现场不会只是人机联合作业分析这么简单，案例只是教给我们分析方法，我们要在实际工作中运用联合作业分析法很好地分析人机之间的关系。当我们的作业改善方案做出后，应该及时进行整理、完善并将方案予以标准化，以防止因作业人员的流动而导致作业人员未按标准执行。

⑤ 业务流程分析

我们都有过到银行存款的经历，可能都为此填过大量的表单，甚至为了短短五分钟不到的业务而排过 30 分钟长长的队，可能你还会经常抱怨银行的办事效率太低了。可是在银行方来说，他们觉得他们办事已经很有序了，并能保证银行业务顺利而又有序地进行。

于是人们惊讶地发现，在银行看来有序的过程，在客户眼中，却是服务中的缺陷。每每有人从外国回来，述说在银行受到一对一服务的礼遇，更加激起了我们对银行服务现状的不满。这些缺陷使得银行的服务距离完美很遥远，而在未来的市场竞争中，这样的服务又怎么能够得到客户的青睐呢！

企业也是一样，业务性的工作往往会涉及多人和多个部门的配合，一般以文件和表单的传递作为配合的信号或依据。许多公司在生产效率改善方面，花费了大量的精力，却没有注意到身边许多不合理的办公事务性工作给公司造成的极大浪费。因此，以文件和表单的流动为中心展开的调查，进而实施改善的业务流程分析，也就成为一种必要了。

一、业务流程分析的定义

业务流程分析是对流程所用的数据与处理时间进行分析，通过共享、取消、合并、重组与简化，明确各部门日常业务所承担的责任与权力，形成清晰明确的流程，既简洁同时又相互管理制衡。通过对企业原有业务流程的重新塑造，包括进行相应的资源结构调整和人力资源结构调整，提高企业整体竞争力。

企业将由以职能为中心的传统形态转变为以流程为中心的新型流程向导型企业，实现企业经营方式和管理方式的根本转变。即使在一些大型的企业里面，组织里盘根错节的“流程”，往往也令人望而生畏。流程是组织内部从供应商到客户的价值增长过程，流程的有效性与效率将直接影响组织的有效性和效率及客户满意度。

“流程分析与流程再造”是管理领域里一个前沿概念，也是企业管理的一项重大革新。它针对企业如何快速自我调整，如何快速提升应变能力，提出了系统的解决方案。

下面我们来看一个案例。

假如做一个手术需要4个小时，流程再造专家通过调查发现，其中1个小时用于病人的麻醉，相当于在手术室白白浪费了1个小时的时间。由于手术室有很多非常昂贵的设备，1个小时的折旧费可能就是几美元，而且麻醉期间并不需要无菌，完全可以在手术室旁边设一个麻醉室，这样一来，占用手术室的时间从4个小时缩短为3个小时。原来每天可以做4场手术占用16个小时，现在可以完成5场手术。假如一次手术收费5000元，那么现在一天就可以多收入5000元。

由此可以看出，通过对业务流程分析，并对流程进行再造，可以取得直接的经济效益。

二、业务流程分析的目的

目前，一些以工作职能为中心的企业，往往忽略了业务流程方面的工作。业务流程虽然在实际生产活动中不产生任何附加价值，但是其重要性是不容忽视的。有时一个信息传递的错误，比如材料清单写错或者生产计划下达错误，可能给公司带来重大的损失，因此业务流程分析应达到以下目的：

（1）为公司取得较大的经济效益。

（2）最大限度提升顾客的满意度。

三、业务流程分析的作用

（1）使业务工作标准化。

我们知道将工作标准化，可以使我们在工作中的效率更高、更便捷、更准确。因此一旦相关人员的作业内容得到明确，就要使之标准化，制订作业指导书，这样无论是谁操作都不会出错。

（2）信息传递的快速化、准确化。

快速化、准确化是衡量业务工作的重要标准，因此我们应充分利用科技手段对信息传递进行改善，以使我们的信息传递快速、准确。

（3）去除多余的表单文件，减少无效的事务工作。

多余的表单除了使我们整日陷入文山之中，并不会给我们带来其他的好处，我们在工作中应尽量去除多余的表单。同样的信息并不会因为你传送了两次，就会更有成效，因此减少无效的事务工作也应该列入改善之中。

四、业务流程分析的符号

业务流程分析同其他的程序分析一样可以通过对其工作流程进行分析并用图表和符号表示出来。业务流程分析的图示符号与其他工序的符号表达方式一样在国际上没有标准化，除了一些特殊的符号以外，其他与产品工艺分析大致一样（如表 3－16 所示）。

表 3－16　业务流程分析所使用的符号

<table>
<tr><th>名称</th><th colspan="2">记号</th><th>意义</th><th>备注</th></tr>
<tr><td>作业</td><td colspan="2">○</td><td>使传票变化的过程</td><td>包括记入、印刷、
分类整理、包装等</td></tr>
<tr><td>搬运</td><td colspan="2">○</td><td>使传票位置变化的过程</td><td>利用人或机械搬运</td></tr>
<tr><td rowspan="2">停滞</td><td>贮藏</td><td>▽</td><td>传票有计划地被
蓄积的过程</td><td>使用前后的保管，
以及在仓库的蓄积</td></tr>
<tr><td>滞留</td><td>D</td><td>传票反计划的滞留状态</td><td>等待作业、搬运、
检查所造成的滞留</td></tr>
<tr><td rowspan="2">检查</td><td>数量检查</td><td>□</td><td>确认传票张数的过程</td><td></td></tr>
<tr><td>质量检查</td><td>◇</td><td>检查传票内容的过程
核对、点检等</td><td></td></tr>
</table>

续表

名称	记号		意义	备注
特殊记号	转记	○◎	对照两种传票并记录于右侧	
	核对	◇◇	对照两种传票，再核对	
	电话联络	○◎	用电话联络再记于右侧	
	整批搬运	| |	把两种以上的传票一起送出	
			处理过程中心业务	
			可选择过程	
	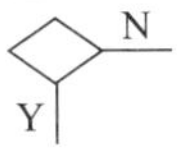 N Y		检查、判断或决策	

五、业务流程分析的方法与步骤

业务流程分析的具体实施过程与前面所介绍的几种工程式分析类似。

某公司在供货的业务流程上非常烦琐、具体操作周期过长，而且还会出现中途转账的情况，这样会给工作带来很多不好的影响，如供货时间延误导致生产停工、中途转记出错导致盘点困难等。因此要对现有的流程进行分析，必须通过对其业务流程进行分析并绘制理想的流程图，然后对现有的流程进行改造，掌握具体的操作流程后将其标准化。

（一）现状调查

现状问题已经暴露出来，这样改善目的就非常明确了，那就是要将现有的流程进行改造，提高办事效率。因为业务工作流程涉及多人、多个部门，这需要多部门的所有人通力合作才能把事情办得更好，这样一来在分析之前，就需要我们整合各个部门的信息资源，了解各个部门的办事程序，以下内容可做参考。

（1）对有关联的人和有关联的部门进行分析，了解其组织结构及其关联人的职务分担情况。

（2）了解表单或文件的制作方法（转记、复印和核对）及制作时间。

（3）了解表单或文件的种类、内容、频次、张数。

（4）清楚表单、文件的作业流程及所需的时间

（5）知道表单填写的方法、填写时机。

（6）了解表单或文件与实物的关系及其在实际工作中所起的作用。

那么我们来看一下本案例的具体情况，以下是对从收到订单到交货业务流程的调查状况。

（1）销售部从客户那里拿到订单，并用了一天的时间进行收集整理。

（2）第二天根据订单内容在接单台账上做记录，并开设两张接单，然后送一张给成品管理员。

（3）成品管理员收接单，对照产品收支簿确认产品库存状况，并在第三天制订发货计划。

（4）将计划写入记事本里，并在仓库的黑板上写发货指令。

（5）仓库管理员根据发货指令进行备货，并将备货内容写入备货台账。

（6）产品管理员核对接单，将发货产品内容提要转记到发货日记单上，并制作发货说明单邮寄到产品发送地。

（7）将填好的发货日记台账给销售管理员，在接单台账上记录日期和数量，而且要开发货单并邮寄到客户手中。

按平时的实际操作速度，从接到订单到配好货需要 4 天的时间，发货说明单和发货单送出一般是接单的第 6 天，产品送出还要在 2 天之后。

（二）绘制现状业务流程图

由此我们可以绘出现状的业务流程图（如图 3－7 所示）。

通过此图对现状进行调查分析，从以下几个方面来检测：

（1）是否存在不必要的账本或表单文件、信息。

（2）账本或表单是否有存在的意义，是否可以与其他表单合并使用。

（3）必须在必要的时候将充分的信息传达到必要的地点。

（4）账本或表单的制作是否浪费时间。

（5）账本的数量是否可以减少，账本的内容是否可以简化。

（6）搬运的次数是否过多，时间是否过长。

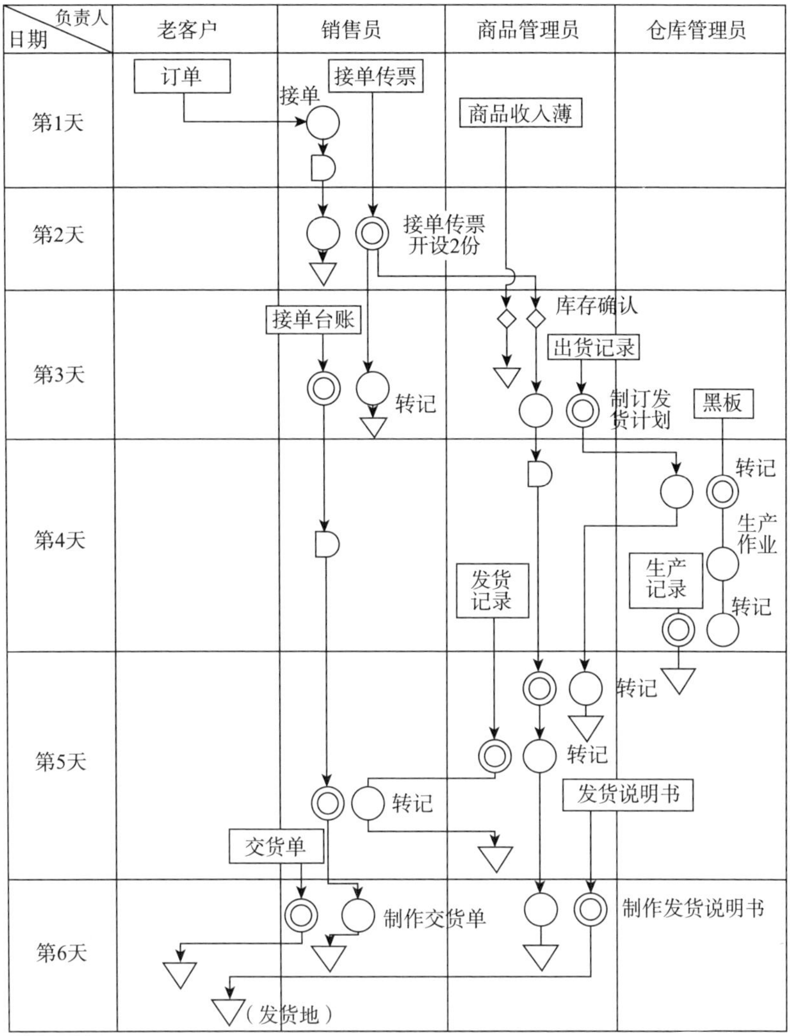

图 3-7　发货业务流程分析表（改善前）

（7）是否可以改变原有的办事流程。

（8）搬运的方法是否存在问题。

不难看出这些都是从 IE 基本的手法来分析问题的，即对原有的状况进行分析，利用 ECRSC（取消、合并、重排、简化、共享）原则着手改善。

由此可以看出从接单到发货的周期过长，如果纳期较紧的话这样可能会导致交期延迟。

信息的传递过于复杂，账本的数量过多，转记过于繁杂，应考虑将不必要的账单废除。

发货指令应该较正式，写在黑板上是非常不好的，它可能是错误的根源。

发货说明单与发货单分别制作是不可取的，这样既增加了工作量，又没有任何实际意义。

（三）改善方案的制订

既然发现了以上问题点，那么对问题点进行分析，并制订改善方案就不是一个很难的问题了。但这是个牵涉多个部门，需要多个人相互配合的问题，因此该方案的制订应该是各部门共同努力的结果或者征求各主管部门的意见。这样方案的实施较容易，阻力较少，得出如下结果：

（1）取消接单台账的转记，接单传票使用文件的形式，再将文件形式转变为台账，配货日记账和发货日记账就用发货指示书和接单传票代替。

（2）发货说明单与发货单内容基本一致，可以合并，并由销售部统一制账，再送一份给仓管。

（3）用发货指令书代替用黑板下达指令，这样可确保指令的准确无误。发货指令一式两份由完成品管理员来制作，一份给仓库管理员代替配货日记账，一份给销售员，用来准确把握发货的实际情况。

（4）在用改善业务流程来缩短发货周期的同时，也可以在时间上进行改善，尽量使各相关部门的工作满负荷，不至于拖延交期。

在制订方案时，我们应从各个不同的角度来验证方案实施的可行性，要对方案进行评估，预测在实际的实施过程中可能出现的问题，并做出相应的预防对策，不至于措手不及。

改善方案应该较为具体全面，一般要包括时间的安排、人员的培训、人员的调动、财力及物力的筹备等。

（四）绘制理想的业务流程图

理想的业务流程图如图 3－8 所示。

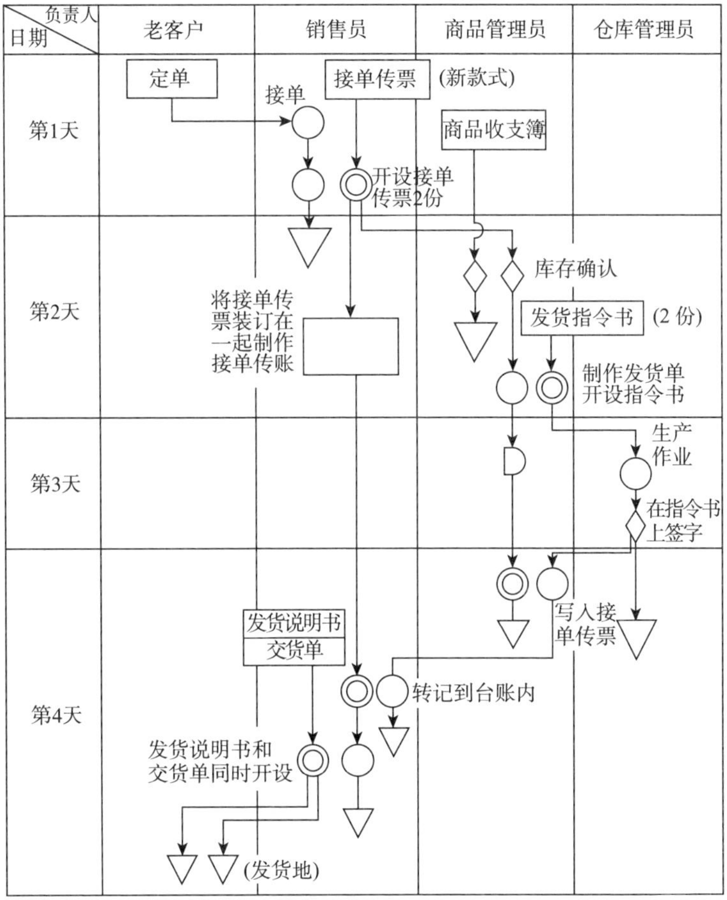

图 3－8　产品发货业务流程分析表（改善后）

（五）改善方案的实施

方案的实施过程，也是成果验收的阶段，方案的成功与否跟执行者的态度有很大的关系。任何新事物的出现必然会触动某些人的利益，遭到一些人的反对，不是每个人都会认同的，因此在方案付诸实施之前应该先与相关部门进行沟通，让相关人员了解本方案要达到的目的、作用及意义，这样就可以减少方案实施过程中的阻力。

在实施过程中要注意及时地记录遇到的问题点，加以分析和解决并总结经验，吸取教训，在以后的工作中遇到同样的问题以备借鉴。

（六）评价效果

检查方案实施后的效果是否达到了改善的目的，是否取得了一定的效果，是否提升了组织的效率，总结取得成果的经验，分析实施过程中的不足。

（七）将实施方案标准化

方案在实施过程中取得了好的效果，我们便可以将其标准化，并用流程图的表达方式，制作作业指导书。这样一来不论是谁、不管是什么品种的货物，都可以按照作业标准书工作而不会出错。

同时，我们还应该意识到这不是解决问题的唯一方法，还可以通过提案制度完善方案、查漏补缺。

练习题：

请制订一个流程，明确来料检查部、采购部、技术部、成品检验部、零件库在判定来料不良要特采时的处置流程。

（1）供应商的来料，被来料检查部门（IQC）判定为不良。

（2）因该物料库存没有了，如果判定为不良，明天生产线会停线，采购部希望让步接受。

（3）来料检查部门（IQC）认为必须退货，于是争执开始了。

（4）该公司还有技术部门（负责产品开发与工艺编排）、成品检验部门（负责产品成品检验、发生品质问题时同顾客沟通等），零件库负责将其判定为允收来料入库。

第四章
价值流程分析

❶ VSM 的起源

缩短产品的生产周期是迅速适应市场需求的关键，而价值流程图（Value Stream Mapping，简称为 VSM）分析方法正是了解产品生产周期的有效工具，它是从合理利用资源发展起来的一门软科学技术。

“二战”期间美国军火工业发展很快，造成原材料极度紧张，迫切需要用一种科学的方法解决这个突出的矛盾。

美国通用电器公司的麦尔斯对产品成本和原材料的选用问题发生了兴趣，对所需石棉板的短缺和价格成倍上涨问题进行了研究，分析了石棉板的使用功能。

石棉板是铺在地上的，在对产品喷刷涂料时，要避免玷污地板及火灾，为此，他找到了一种既能满足功能要求，价格又低廉的纸来代替石棉板。进而，麦尔斯将这种思想运用到产品设计上。他在实际工作中发现，用户购买产品时，不是购买者有某种需要，而是由产品的功能提供的，并且购买者希望购买费用最低。他对产品的功能分析及功能评价进行了科学的研究和实践，总结出一套科学工作的方法，称之为“价值分析”。

由于这种科学的方法对降低成本和提高功能极为有利，因而得到了迅速推广和应用，麦尔斯的研究工作内容日趋完善。

1954 年美国海军舰船局把这种方法定名为“价值工程”。它是一种能系统改善信息流程、实物流程的方法。

20 世纪 90 年代以来，VSM 方法也在丰田、理光、佳能等优秀公司得到充分推广和应用，主要用来应对在多品种小批量、产品换代快的情况下，系统改善信息（业务）流程和实物流程。

这些企业在日本经济低迷的环境下，近 20 年能保持连续增收（销售额）增益（利润），甚至多年以两位数增长，这与价值流程图分析方法的广泛应用不无关系。

一、价值流程

价值流程即产品为实现其基本生产过程并满足客户需求而进行的全部活动流程，根据活动类型可分为 3 个方面：

（1）从原料、制造、库存到交货的产品实物流程。

（2）从接单、计划到完成交付的订单信息流程。

（3）从材料购买、费用支出到出货汇款的资金流程。

根据活动有效性又可分为 2 个方面：

（1）增值活动：顾客愿意付费的，能改变产品形态，让使用功能增加价值的活动，或者化学（物理）反应。

（2）浪费活动：任何消耗资源但不增加价值的活动，如典型的“工厂八大浪费”，能源、空间的浪费，给安全、环境带来的负担……

简而言之，不增加价值的活动，都是浪费。

二、价值流程分析

在企业中选定特定的产品对象和流程范围，采用价值流程图模式，收集企业生产组织过程的真实数据，绘制出现状价值流程图；以增值活动为着眼点，把不产生价值却占用企业资源的实物流、信息流环节进行消除、重排、合并、简化、共享等，并绘制出目标价值流程图；通过解决现状图与目标图之间的问题，使管理流程简单、快捷、标准，使运营成本最小化、价值最大化。

价值流程分析最大优势在于，不对面临的问题以好和不好做判断，而是依据价值最大化和资源最小化的原则，对企业生产运作过程进行“顶层设计”。

三、价值流程分析的 3 个着眼点

（一）以价值为着眼点

以创造顾客认可的价值为着眼点，根据实际流程与数据，采用 VSM 方法分析，把不产生价值、占用资源业务（信息）流程环节、实物流程环节的活动进行删除和优化。目的就是不断减少不增加价值（浪费）的环节，降低企业生产与运营成本。

（二）以时间为着眼点

在不增加资源或者花费最小资源的情况下，以缩短生产周期为改善突破点，从明确市场需求→制订生产计划→生产组织（采购、仓储）→生产制造→品质检验→成品出货的全过程出发，实现最快速度完成业务、生产与交货。目的就是缩短企业组织职能的整体运作时间，提高市场应对速度。

（三）以自主大课题改善为核心

通过 VSM 方法，寻找出价值损耗、时间损耗（Loss）。在寻找出的众多损耗中，从迅速对应市场、顾客关心的角度出发（Critical－To－Quality，简称为 CTQ）选择确定改善大课题，在经营层关注下，以中高层管理人员为主推进改善大课题，鼓励基层员工进行问题点自主改善。每个改善大课题都提倡深入现场，具体问题（现物）具体分析，采取现实可操作的方法，即遵循现场管理“三现主义”。

❷ VSM 的特性

一、VSM 主要关注的两个流程

在生产过程中，不同的产品具备不同的生产特点。例如，汽车生产厂家一般按照订单进行生产，而电器生产企业则按照市场预测来组织生产。无论是按照订单，还是按照市场预测来组织生产，首先要进行的是接收订单、形成销售决议，然后制订生产计划并下发到各个制造车间，最后向供应商下发采购订单。信息的流转形成了一条从客户到供应商的信息流，完成一次信息流所需的时间构成信息处理周期。

供应商在获得采购订单后，在采购周期内向企业供应原材料；企业经过加工周期、组装周期和送货周期，将成品送到客户手中。可见，物品流转的方向是从供应商到客户，与信息流转的方向是相反的，物品的流转形成实物流，物品完成流转所需的时间构成物品流动周期。因此我们要考虑的主要问题是如何压缩产品的生产周期，即如何压缩信息处理周期和物品流动周期。信息处理周期和物品流动周期的缩短会促使资金流转的速度加快，资金流转所创造的利润也就会大幅度增加。

因此，组织企业生产实际上有三个流程，即信息流、实物流、资金流。基于价值流程分析的三个着眼点，我们可以看出价值流程分析（VSM）主要关注的是两个流程：

第一个是信息流程也叫情报流程，即从市场部接到客户订单或市场部预测客户的需求开始，到使之变成采购计划和生产计划的过程。

第二个为实物流程，即从供应商供应原材料入库开始，随后出库制造、成品入库、产品出库，直至产品送达客户手中的过程。此外，实物流程中还包括产品的检验、停放等环节。

二、衡量价值流程的关键指标

无论是产品加工过程，还是业务工作流程，都可以将每个工序和环节视为一个工作站（Station）。产品（业务）经过每个工作站点的制造（工作）过程，就组成了该产品（业务）的实际价值流程，具体如图 4－1 所示。

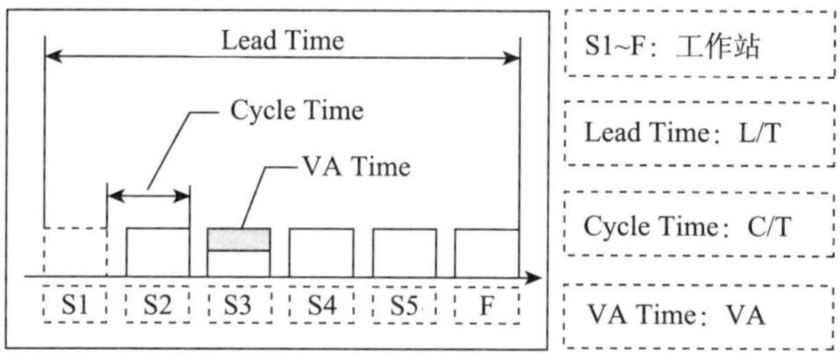

图 4－1　衡量价值流程的核心指标示意图

衡量价值流程的关键指标如下：

（1）生产周期。从投入到完成、经过所有的工序（或业务环节）所需要的实际时间。

（2）循环时间（Cycle Time，简称 CT）。产品或工作完成一个工序（工作环节）的实际时间间隔。

（3）价值时间（Value Added Time，简称 VA）。顾客高兴地支付金钱而换来的，附加在产品上的作业要素时间，也就是通常意义上的增值时间。

一般情况下，价值时间＜循环时间＜生产周期。

（4）节拍时间（Tact Time，简称 TT）。顾客单位时间内需求的产品必要量。以一天为单位时间，计算方法为：

节拍时间＝1 天稼动时间÷1 天的必要量

例如，企业 1 天的稼动时间为 450 分（27000 秒），顾客 1 天的必要量为 500 件，则节拍时间为：

TT ＝ 27000 分 ÷ 500 件 ＝ 54 秒/件

特别需要注意的是，节拍时间体现的是客户的需求，而不是企业以自我为中心的产出节奏。也就是说，价值流程分析的根本出发点是以满足客户（市场）需求为最终目标。

三、价值流程图的构成要素

价值流程图在绘制完成后，需要包含5个构成要素：实物流、信息流、时间、结论、问题与改善课题，只有客观、全面地对这5个方面进行调查、分析和设计，才能熟练掌握和应用价值流程图这个分析工具。这些要素的大致形态与内容如图4-2所示。

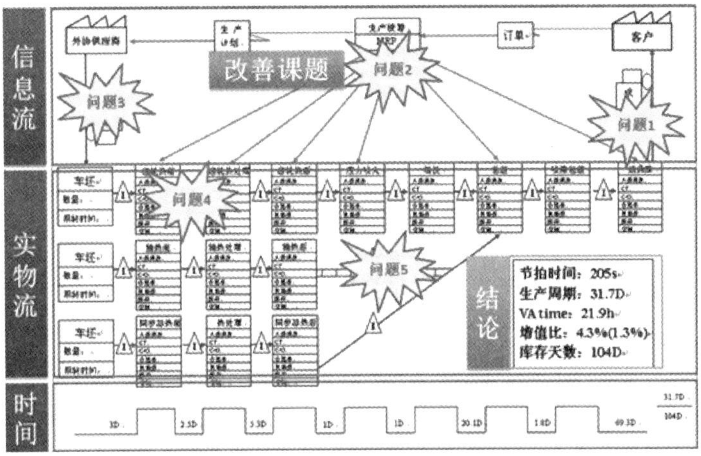

图4-2 价值流程图的构成要素

③ VSM 图的编制

一、价值流程图的具体作用

（1）通过绘制价值流图，以精益思维来关注企业运营过程。

（2）帮助发现浪费及浪费发生源。

（3）展示出信息流与物流之间的联系。

（4）超越单工艺过程层次，提升宏观整体流程的掌控能力。

（5）提供一个与组织结构中各级别沟通的工具。

（6）根据实物和信息流动障碍的严重程度确定改善优先次序。

（7）使精益的概念与技术结合起来，避免只挑容易的改进。

（8）调查现状图、绘制未来图，就是形成实施计划的基础。

（9）描述为了对定量数据施加有效影响，具体应该做些什么。

二、价值流程分析图的表述符号

程序分析里面都有相应的分析符号对作业流程进行表述，价值流程分析也不例外。下面我们来看一下价值流分析图编制时使用的共同语言（符号），如图 4－3 所示。

三、价值流程分析图编制步骤

任何流程分析都会有一个步骤，价值流程分析也不例外。

（一）先选定典型产品

典型产品是具有代表性的产品，将具有代表性的产品作为对象加以改善

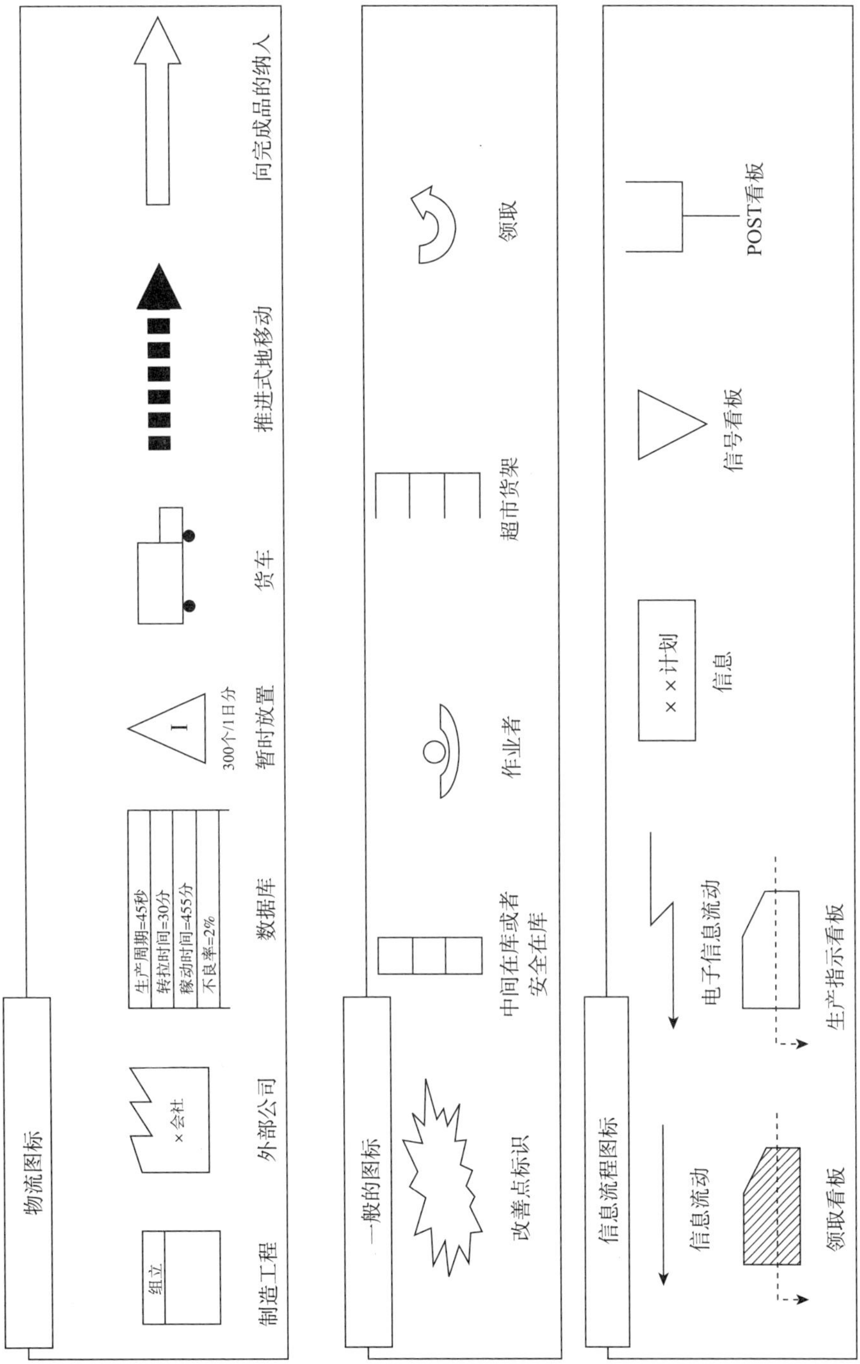

图4-3 VSM图编制共同语言符号

会给以后的工作带来很大的便利。因此典型产品的选择非常关键，它一般具有以下几个特点：

1. 销售金额较大的产品

销售金额较大的产品往往决定着整个公司，那么的经营状况，也是公司赢利的重要标志。将销售金额大的产品作为改善对象节约成本、削除浪费必然能取得较好的结果。另外销售金额大的产品必然掌控着公司经济命脉，如果在质量、成本方面能取得较好的成果的话，效果非常明显，这样会大大提高改善主体的积极性。

2. 生产数量多的产品

生产数量多、经常重复生产的产品，在我们的生产过程中往往消耗大量的原材料及辅助材料，将生产数量多的产品选为目标寻找改善课题的话，可以取得较好的成效。一旦取得较大的成绩，总结经验后能迅速大批量地复制推广，并能取得较大的成果。

3. L/T 较长的产品

业务流程的执行过程便是时间的消耗过程。对于生产周期过长的产品，通常时间是衡量流程执行效率的重要指标。以整条供应链流程为例，该业务流程的执行周期越短，意味着一定时间内（比如一年）流程执行的次数越多。

在财务分析中，有存货周转周期、应收账款周转周期之类的指标。我们知道当这些周期指标越来越短时，资金的利用率就越高。存货周转周期、应收账款周转周期同样也从侧面反映了供应链流程的周转周期。缩短流程的执行周期有以下三方面的意义：

（1）缩短流程周期将会提高客户的满意度。以客户服务流程为例，客户必定想以最短的时间得到服务，所以缩短客户服务流程的时间周期是以满足客户需求为导向的。

（2）缩短流程周期使企业能更灵活地应对市场的变化。以手机行业为例，产品的平均市场生命周期已由原来的三年缩短到现在的不到一年，这就需要企业缩短新产品研发的时间，以更短的时间研发出更多的新产品，以满足市场的需求。

（3）缩短流程周期有利于降低单位产品成本。由于产品的成本是由变动成本和固定成本两部分内容组成。在固定成本中如固定资产折旧、费用摊销等多是根据时间计提。产品的成本与供应链上的采购流程、生产流程密切相关，如果缩短这两个流程的周期，相当于减少产品产出的时间，相应降低了产品的固定成本。这样，整个产品的成本也相应能降低。

所以，对流程的时间周期进行分析是有必要的。此分析的目的是在保证流程输出结果的质量前提下将流程时间周期缩短到极限。之所以要保证流程输出结果的质量是因为这是客户要求的，也是流程执行的根本目的所在。

如图 4－4 所示，通过对公司的现状进行分析，找出典型产品作为改善课题，以达到改善目的。

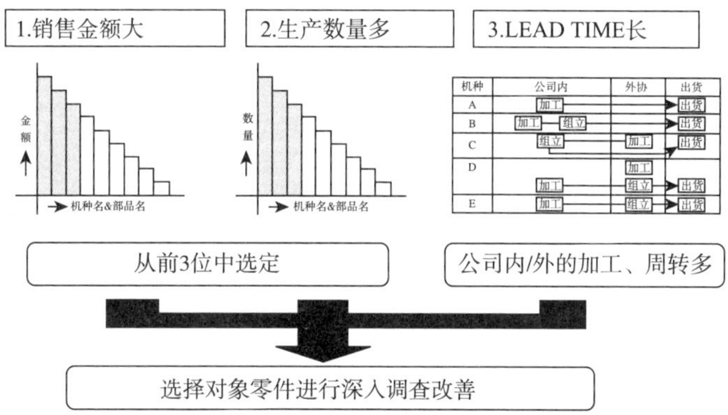

图 4－4　VSM 改善课题选定思路

在确定典型产品后，便应该对该产品的生产规模、生产状况、工艺流程、工作方法、物料状况、产品质量等进行调查。根据以上改善着眼点，找出生产现场存在的不合理或者浪费的地方，并用价值流程分析图表述出整个生产状况，便于发现生产过程中出现的价值流动方式不合理的地方，对现有的工作状况进行价值流程分析。

（二）现状 VSM 图编制

现状 VSM 图（如图 4－5）能够全面地反映生产状况，将库存浪费、搬运浪费、不良浪费、动作浪费，以及作业时间过长、搬运路径过长等问题全面地暴露出来，而这些都可以作为改善的对象。一般可以将 5W2H 提问技术与

ECRSC 改善思路原则结合来思考问题和改善，如表 4－1 所示。

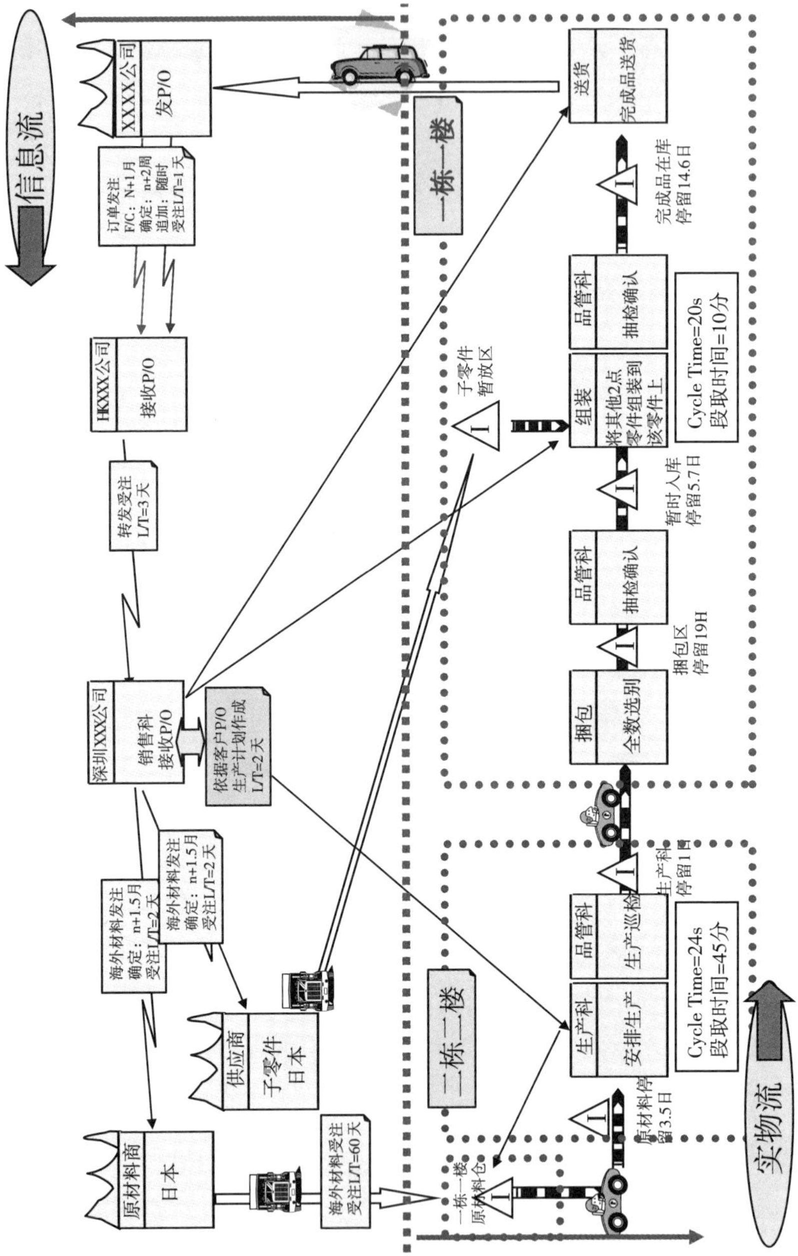

图 4-5　现状 VSM 图编制案例

表 4-1　5W2H 与 ECRSC 的结合

ECRSC \ 着眼点	事情（what）	目的（why）	作业者（who）	地点（where）	时间（when）
取消（Eliminate）	可以不做吗	将要达到什么目的	为什么是他/她来做	还有其他的地方吗	为什么是这个时间
合并（Combine）	是哪些事情	有什么优点	是保留一个还是几个	空间会更合理吗	可以并行吗
重排（Rearrange）	是这样的次序吗	可以达成什么效果	可以调换吗	地点有何不同	可以提前或之后吗
简化（Simplify）	有更好的地方吗	会有什么影响吗	可以更轻松吗	占地会更少吗	时间会更短吗
共享（Communion）	可以增加其他事情吗	有什么帮助	需要什么样的人	具体在何方	需要延长多少
具体如何实施（How），需要花费多少费用（How much）					

具体分析时，也可以从以下几个方面入手：

（1）削除停滞的浪费。停滞的浪费是生产过程中重要的浪费。在理想的生产状态下，一般除了工艺过程要求的停滞外，其他的停滞都可作为改善点。

（2）生产指令从何处发出？通过什么媒介？

（3）生产材料从何而来？提前期多久？谁来准备？距离多远？

（4）生产设备需要换模吗？有事先准备吗？谁来更换？更换时间？调试时间？模具是怎样管理？调试品怎样管理？换模时间有管理吗？

（5）调试后自检吗？检查的项目和规格依据明确吗？

（6）正式开始量产前的判定谁来做？有测定、判定记录吗？

（7）生产的周期是多少？

（8）有没有质量控制点？怎样的方法来保证质量？

（9）工序中的在制品数有多少？

（10）现状的生产能力饱和吗？（人和设备是否存在不必要的浪费）

（11）完成品怎么处理？暂放于何处？待检如何处理？是否有停滞时间？向下工序流动状况？

（三）描绘理想的 VSM 图

理想的 VSM 流程图是剔除作业中产生的所有浪费后，并按价值的流动方式实施改善的理想状态图。在理想的状况下，信息流动有多快，实物流程就有多快，所谓的理想就是一个最简单的评价标准，即不停滞，在作业的过程中无停滞的浪费。

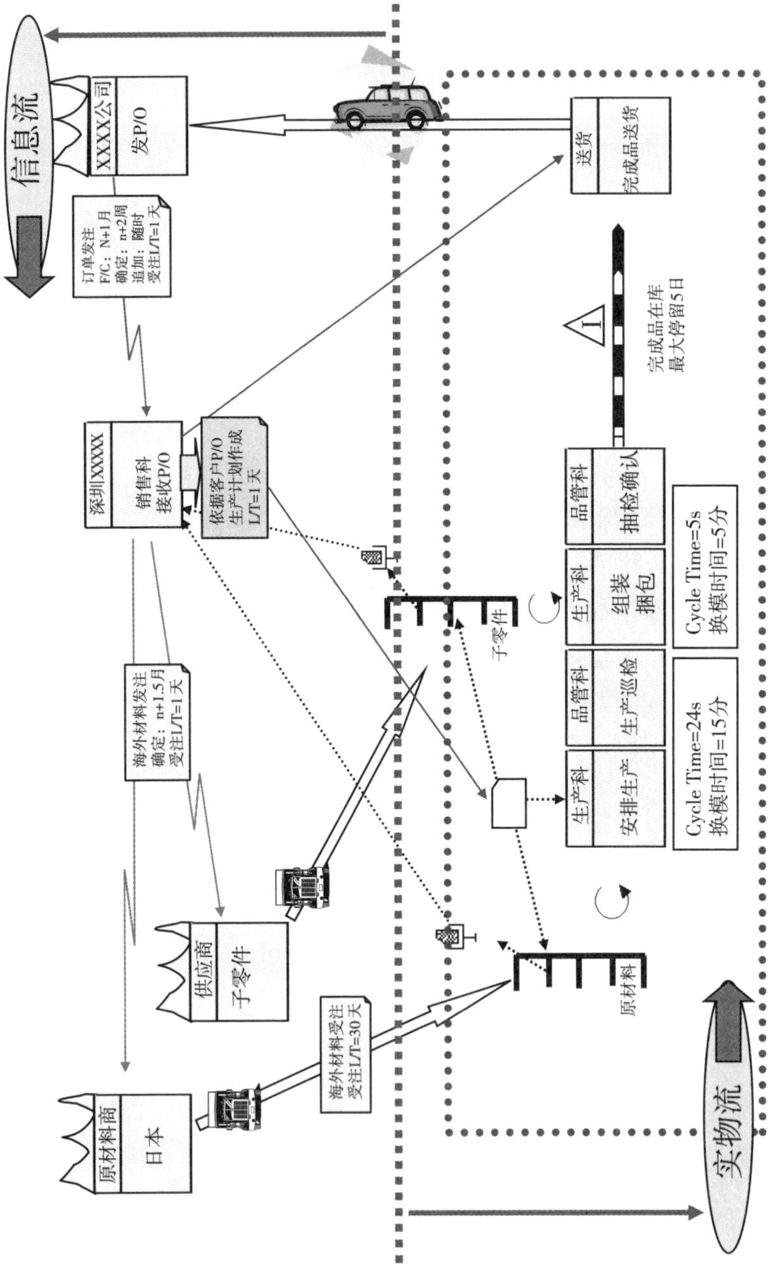

图4-6 理想VSM图编制案例

一般将前后两个 VSM 流程图对照分析更直观地反映出前后两种作业方法或工艺流程的不同点。图 4 –6 即为制订方案做出的理想的流程图。

（四）摘录课题

利用 VSM 流程图找到改善课题后，便应选一个承担该课题的责任者，成立课题小组（或称之为清除障碍小组或改善课题小组）对该课题进行改善，用精益生产方式、TPM、TQM 等各种推进方式都可以。

VSM 分析摘录课题的要点：

（1）沿价值实物流动与情报流动活动流程进行可视化。

（2）不是部分改善而是全体系统改善。

（3）按价值的流动方式实施改善。

（4）成立跨部门工作课题改善推进组（清障小队组）。

（5）用实际案例分析，案例分析可以使工作更为直观，让人更明白易懂。

表 4 –2、图 4 –7 是摘录课题的实例。

表 4 –2　VSM 改善课题一览表

<table>
<tr><th>目标值</th><th>活动项目</th><th>目标/理想（分为第 1 次、第 2 次）</th></tr>
<tr><td rowspan="4">◆L/T 短缩（△50%）
→生产方式改革
◆在库递减（△50%）
→现金跟进改善
◆从月次到周次、日次发注的体制改革
→造物 & 生产管理体系
◆能在本公司进行推进</td><td>根据「实物和信息的流程图」的 L/T 短缩</td><td rowspan="2">根据零件和完成品最低限度的在库量和最合适的生产批量确定（根据客户的所要量进行日次管理、建立在库补充型的供应方式）（LT△50%）</td></tr>
<tr><td>生产改善改革（小批量化、段取短缩、流水线生产、平准化）</td></tr>
<tr><td>导入周次、日次生产管理体系（现状的结构调查、课题、在库管理精度）</td><td>根据周次、日次生产方式确定相对应的生产管理体系的构筑方法</td></tr>
<tr><td>信息处理 LT、配送 LT、制造 LT、送货 LT 的现状调查改善</td><td></td></tr>
</table>

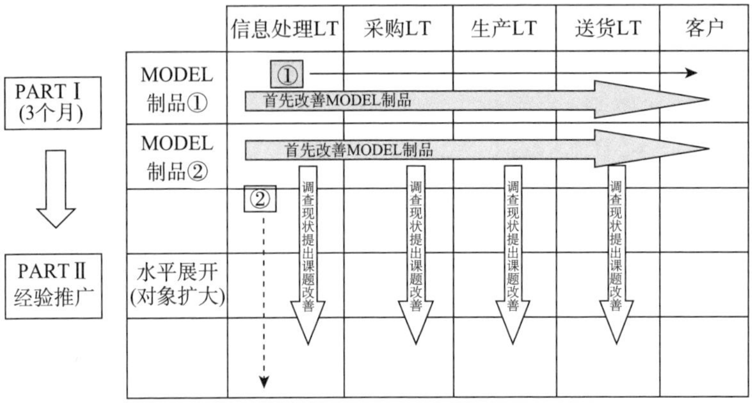

图 4－7　改善过程

（五）编制改善计划与实施

改善计划如表 4－3 所示。

（六）标准化

方案的实施经过评估，取得了很好的效果便可以将其标准化，并用流程图的方式制作作业指导书分发给相关工作人员，这样可以有效地避免人力资源的流失或者其他不可控因素出现后产生的损失。

同时，我们还应该意识到这不是解决问题的唯一方法。随着业务的熟悉，里面肯定还有一些可以简化或者合并的工序，通过提案制度完善方案、查漏补缺。

（七）水平展开

选定典型产品的最大一个优点就是在出成果后可以大面积地复制，在进行全面推广时可以减少摸索过程，因此在方案得出较好的成果并总结出成功的经验后，便可以在同类产品上展开。

表 4－3　VSM 课题改善计划书

例　…………产品业务改善计划书	
主题 ×××产品业务改善计划书 （产品编号＊＊＊＊＊＊＊＊）	**任务** 1. 部品在库的递减 2. 工程改善使得生产性向上 3. 完成品的在库递减 4. 生产 LEAD TIME 的短缩

目标　（更具体的记述）
1. 把部品在库递减 10%
2. 生产性提高 15%
3. 把现状的完成品在库递减 1/3
4. 组成 LEAD TIME 提高 5%
生产 LEAD TIME 缩短 20%

活动大步骤	项目/负责/日程			9 月			10 月			11 月			12 月		
大项目	小项目	实施领导	期限	上旬	中旬	下旬	上旬	中旬	下旬	上旬	中旬	下旬	上旬	中旬	下旬
调整会议 进度会议		汪厂长			报告会			报告会			报告会			报告会	
计划书编制	大日程的编制	汪厂长	9/19	→											
活动的任务	对象部品的选定任务、目标设定	汪厂长	9/19	→											
现状调查	受注~纳品的流程调查和现状 VSM 编制	张经理	10/末	——	——	——	——	→							
	组立 LEAD TIME 的作成	刘经理	10/末	——	——	——	→								
	部品在库的调查	黄经理	10/末	——	——	——	——	→							
改善思路	将来的 VSM 编制	黄经理	10/末	——	——	——	——	——	→						
清理出问题点循环改善		张××	12/中	——	——	——	——	——	——	——	——	——	——	→	

第五章
标准时间的设定

❶ 关于标准时间

企业经营管理的目的，是将人、物、资金等有限的资源通过各种科学的、合理的手段转换成顾客所需的、具有新价值的产品并提供给顾客，同时企业也获得最大的利益。

在以经济活动为中心的 21 世纪，在这竞争激烈的时代，企业利润的获得变得越来越困难。因此，怎样想方设法来降低生产经营成本，已经成了企业的重要课题。

一、降低成本的基本理念

降低成本的基本理念主要有以下内容：

（1）降低成本是企业重要的经营战略之一。

（2）企业是追求利润的团体。

（3）利润取得的途径：

利润 = 销售价格 – 总成本

也就是说现代企业再也不能只依靠提高销售价格来追求利润比例，而必须通过持续降低成本的改善来持续获得利润。

（4）产品的生产方式及生产制作流程工艺是决定成本的要因之一。

（5）降低成本不是临时策略，而是一项长期的、持续的基本方针。

（6）降低成本不是生产伪劣粗糙产品。

（7）成本是指降低单位成本（不是降低期间成本）。

（8）缩短产品的生产周期，是优化成本的基本出发点。

（9）管理、改善产品生产过程中的动作。

二、成本累积过程

作为消费者，付出了金钱，希望得到所需的产品。一般产品是在产品成本的基础上加上多个销售环节的经费、利润等得出的销售价格，由以下公式可以看出成本的构成：

（1）利润 = 销售价格 - 总成本

（2）总成本 = 生产成本 + 一般管理费用 + 销售费用

（3）生产成本 = 直接成本 + 间接制造费用

（4）直接成本 = 直接材料费 + 直接劳务费 + 直接经费

成本累积过程如图 5 - 1 所示。

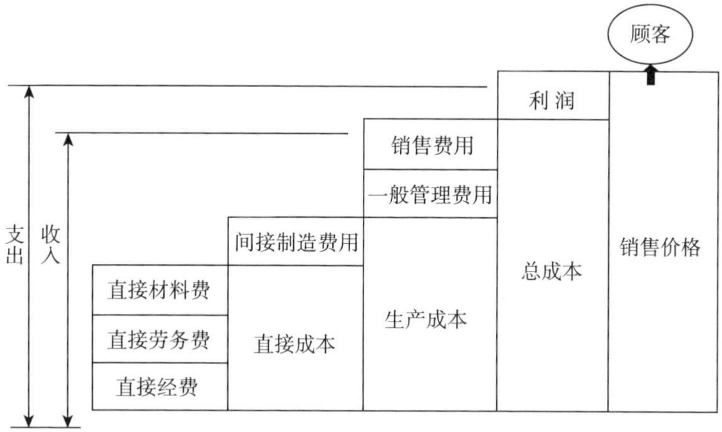

图 5 - 1　成本累计过程

从成本理论中，我们可以更直观地看出，直接成本包含有直接材料费、直接劳务费及直接经费。

直接成本 = 直接材料费 + 直接劳务费 + 直接经费

直接材料费指用于购买原材料的费用（为购买材料而发生的交通费、住宿费等附加费用不计算在其中）。

直接劳务费是指劳动者付出时间，取得相应报酬的那部分。

劳动者分为直接劳动者、准直接劳动者和间接劳动者。

直接劳动者是指生产产品的人（可以理解为操作工）。

企业应当怎样来管理直接劳动者的劳动，这直接决定企业支付给劳动者的直接劳务费的多少。

直接经费指用于购买直接用在产品上的其他费用，比如产品上使用的润滑油、产品固定用的胶带、黏结剂等直接材料所需的费用。

在直接劳务费的支出中，用于支付作业者在产品组装所花费时间的相对应报酬（这也与当月当地区人均工资的比率相关）计算公式如下：

直接劳务费 = 组装时间（标准时间）×薪金比率

我们先来看一个例子。

假设我们每月支给劳动者 2000 元（包括提供给劳动者的各种福利待遇之和），一个月工作 22 天，每天工作 8 小时（28800 秒）。

由此得出：1 秒 = 0.0032 元

这样，我们开始建立 1 秒相当于多少钱的概念，开始确认我们工作的每 1 秒是否被浪费掉。管理者是否应该思考怎样去管理产品制作过程中每 1 秒的意义，想方设法改善（缩短）产品的标准时间，缩短产品的生产周期，以达到降低成本的目的呢？

三、标准时间的定义及作用

这里所指的标准时间，是指生产一台产品所需的时间。这些时间必须满足下列条件：

（1）标准时间不是指一天的工作时间，也不是指一天的时间除以一天的生产台数。

（2）标准时间不包含材料（零件）入库、出库时间。

（3）标准时间不包含零件入库前的质量检查时间。

（4）标准时间计算起始点为产生附加价值的最初动作，直至产品被包装完成为止。包装后搬送到货柜上的时间不能计算在标准时间里。

（5）为了完成可产生附加价值的动作而必须进行的非产生附加价值动作，只能占产生附加价值总时间的 10% ~15% 。

（一）标准时间的定义

对于标准时间的定义，根据行业的不同给出的定义也有所差异。但是说的都是在一定条件下，完成某一作业所需的时间。

（1）机械技术者协会（美国）

是指有资格的作业者在有效的监督下，按照正常的速度并且体验正常的疲劳和迟缓，按照指定好的方法，完成明确定下的品质和一定的工作量所需要的必要时间，称为标准时间。

（2）作业时间设定全国委员会（德国）

被分配的工作按照正常的效率来完成所需要的必要时间。前提是设备、工具必须具有正确的状态，且产品品质要求明确，同时有正确的作业方法。

（3）标准时间设定专家

使用既定的方法、设备，在既定的作业条件下，具有满足该工作所需的合适的作业者，在不施加有害影响及可以发挥人体最大努力的作业步调下进行工作，完成1单位的作业量所必需的必要时间。

（4）某著名企业

第一，按照决定了的制造方法。

第二，平均的作业者。

第三，正常的作业速度。

第四，以生产产品，满足产品品质要求为目标进行作业。

第五，完成1单位的产品所必须的时间。

（二）标准时间定义中的关联概念

（1）何谓决定了的制造方法？是指在产品生产时规定了的必要的作业方法、作业条件、机械设备等。

（2）何谓平均的作业者？是指有正确执行所给予作业的必要知识和身体，并且有充足的训练、拥有为完成既定的、可达成的品质水准所需的充分经验，集合这种作业技能和作业步调的代表者。

（3）何谓正常的速度？在没有奖励机制的刺激下，平均的作业者所使用的作业速度，按照这种步调进行每天的工作也不会引起过度的肉体上的、精神上的疲劳（要维持这种步调，就需要作业者更加努力）。

（4）何谓满足品质的要求？能生产出满足一定比例的品质水准的产品（100%满足品质水准的要求几乎是不可能），一定的比例可以指成品率、良品率或者不良率。

（5）何谓 1 单位的制品？是指选择最适合的制造数量为 1 单位，如每 1 台、每 1 件、每 1 个、每 1 条、每 1kg，或者每分钟几个、每分钟多少千克等单位作业下的作业时间。

（三）标准时间的作用

对标准时间的管理，就是对直接劳务费的管理，时间就是金钱，相信没有人会反对。但是，要怎样管理标准时间才可以降低直接劳务费的支出呢？采用怎样的手段和方法进行管理才合理呢？首先，我们来确认如下问题：

（1）作业是否有指导书？（组装指导书、检查指导书、包装指导书等）

（2）指导书内容是否按动作一步一步清楚列出？

（3）作业内容是否步骤明确、易于理解？

（4）公司是否引入了计算标准时间的体系？

（5）公司采用哪种方法来计算标准时间？

（6）是否有专门的 IE 人员来维护标准时间？

企业建立了标准时间（ST）管理体系，并且执行以上的管理方法，标准时间才能真正发挥它的作用。

（1）直接劳务费的计算基础。

由产品的组装总时间、日工作时间及日产量，计算出作业必需的人数，再由月工资算出直接劳务费。虽然这种方法计算出来的结果不是准确数字，但提供了重要的参考标准，所以说标准时间是直接劳务费的计算基础。

（2）预算作业人员的依据。

在没有标准时间的情况下，针对某一工作来说，安排多少人来完成，只能靠实测时间来判断。实测时间的准确取决于人的能力、熟练度及当时的作业环境，因此，难以避免因人员配置不准确而导致效率过低出现浪费或过高出现勉强作业的情况，继而出现各种意想不到的副作用。

（3）进行工序设定、分割的基础。

没有准确的作业标准时间，很难保证各个作业者之间的作业量均等。极有可能出现在分配作业时看似均等的作业量实际不均的情况，导致整个生产过程岗位不平衡，出现浪费的现象。确定了标准时间后，可根据目标效率来安排各个作业者的作业量并规划生产流程，缩短生产周期。

（4）计算作业效率的必要数据。

单个作业者的作业效率的计算：

作业效率 = 标准时间 ÷ 实际作业时间

全体作业者的平均效率的计算：

全体作业效率 = 各工序标准时间之和 ÷ 各工序实测作业时间之和

得到各个作业者的作业效率后，我们可以直观地判断出各个作业人员之间的能力差异或者作业的分配情况。

（5）进行作业改善的参照物。

在得出各个岗位作业的作业效率后，通过与目标效率的对比来确定需要改善的对象。改善的对象不一定全是指作业者，有时还可以是作业编排的方法，也可以是作业的方法甚至是标准时间的再修正。也许大家都会有这样一种经验，作业看上去没问题，方法甚至是技巧也掌握了，但就是没法跟上生产线节奏，这时我们可以从作业指导书中检查作业标准时间的计算是否准确或者是哪个地方被遗漏、忽略了。

（6）作业改善后改善效果计算的依据。

当我们明白了效率低下跟作业编排不合理，标准时间计算不准确，作业项目遗漏导致标准时间不足等有关系后，就要开始重新修正作业方法或作业标准时间。在取得直观效果的时候，我们可以利用标准时间来计算改善的理论效果，从此告别只会做不知道怎样用数字来表达改善效果的情况。

（7）生产性评价依据。

标准时间不仅可以评价作业效率，也可以评价生产效率的整体情况。比如异常处理人员的合理水平，修理人员的配置多寡及生产线运转效率的计算。评价对象可以以班级为单位，也可以以产品为单位，还可以以生产线为单位。有了标准时间，有了效率，一切的比较就变得客观了。

（四）计算作业标准时间的合适时机

并不是任何时期都适合计算产品的标准时间。在产品的设计阶段，计算标准时间是不合适的。在很多作业没有正式决定时，标准时间只能大概预测。因为产品的设计可能随时都会发生改变，比如零部件的增减、样式的变更、机能的变更等都会影响标准时间。

其实，设计阶段的标准时间是在设计构想形成之时作为成本核算的一个内容被提出的。在设计开发时有一个目标成本费，当中会提出该产品使用的零部件数量，此时的标准时间按零部件的数量来计算，计算出来的时间值作为今后成本核算、工艺编排、人员投入、生产设备投入的参考。

另外，在产品生产没有达到一般的稳定水平之前，也不适宜计算标准时间。此时的标准时间也是以设计时提供的原始标准时间加上产品在试生产过程中测得的实际作业时间为参考得出的。

因此，计算作业标准时间的适合时机可参照下列基准来实施：

（1）认为该产品生产能力较为稳定的时候。比如品质问题比较少，或者作业者熟练程度到了一定的水平等。

（2）按可能达到的水平来设定时间。这里“可能达到的水平”是指排除作业空间、训练、工具、设备等可能改善下的水平。

四、作业标准时间的构成

作业标准时间内含各种不同范围的时间值。例如作业过程中的疲劳恢复时间、生理时间、异常处理时间等，但作业标准时间的核心时间应该属于能产生附加价值的作业时间，我们称之为净作业时间（纯正的有效作业时间）。

（一）标准时间的构成

关于作业标准时间构成直观的表示方法如图 5 -2 所示。

（二）作业标准时间的名称解释

（1）标准时间。以标准作业方法为基础进行作业后时间的总和。

（2）主作业时间。包含在标准时间里的时间之一，是指具有作业的直接目的或者使零件、材料发生有用的形变、质变等过程中所用的时间。

（3）附带作业时间。是指为了作业而发生的有利于作业进行的间接时间。

（4）余裕时间。分为作业余裕时间、生理余裕时间、疲劳余裕时间（余裕时间所占比例为净作业时间 ×10%）。

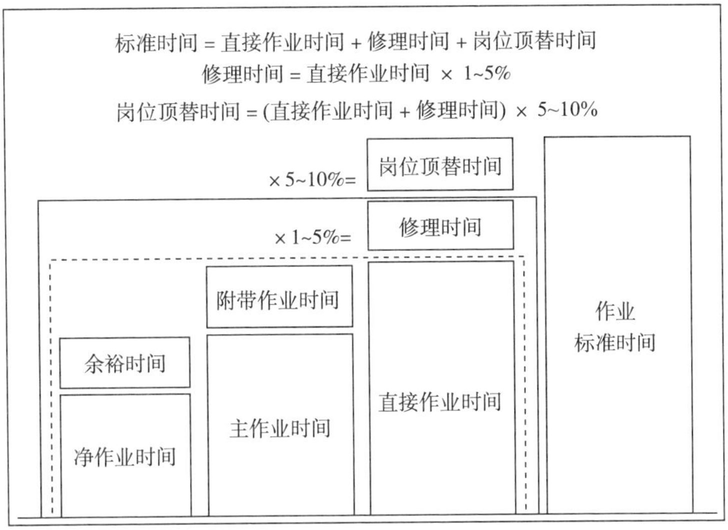

图 5－2　标准时间的构成

（三）作业标准时间的名称及所包含的内容

标准时间关联项目的计算方法如表 5－1 所示。

表 5－1　标准时间关联项目的计算方法

时间类别	计算方法	使用方法
A：净作业时间	采用 AWF 分析或套用长期经验积累值后计算出来的动作时间的总和	
B：主作业时间	A×（1＋余裕率） 余裕率＝10%	生产性测定基准，工程分割、设定
C：标准时间	直接作业时间＋修理时间＋准直接时间（岗位顶替时间）	
D：实测时间	一个一个的动作（工程）用秒表等测得的实际作业时间	和 B 比较，作为改善作业的参照
E：所需时间	标准时间÷推测的工作效率	计算适当的人员投入 计划预算 成本预算
F：实际时间	生产实际需要的时间＝ 投入标准时间÷生产量÷节拍	和 B 对比 和 G 对比
G：目标时间	目标时间＝ 标准时间÷目标生产效率	实绩、目标评价

（四）余裕时间比例

（1）作业余裕（3%）。如复杂作业时间的浪费（突发问题、非周期性问题、设备、治具、工具、计测器、零件偶发的延迟时间）。

（2）生理余裕（4%）。如上洗手间、擦汗、喝水、其他的生理时间。

（3）疲劳余裕（3%）。作业中固有的用于恢复体力的时间（可以根据作业强度、作业环境的不同做适度的调整）。

（4）一旦企业选定余裕时间比例，将直接通过以净作业时间的计算结果乘以比例获得，不再单列各项余裕比例。

❷ PTS 法

对时间的管理，一切从科学管理的基本原理出发，具体内容为作业研究原理和时间研究原理，这是由“科学管理之父”泰勒提出来的。

作业研究原理：改进操作方式以提高工资，并以合理利用工时为目的。

时间研究原理：在动作分解与作业分析的基础上，进一步观察和分析作业者完成每项动作所需要的时间，并考虑生理需要时间和不可避免的耽误时间，为标准作业制订标准的作业时间，以便确定工人的劳动定额，即一天的合理工作量。

以上两点充分说明了管理作业标准时间的意义，而标准时间可以通过动作分解、分析计算出来。

在计算、制订作业标准时间的方法中，国际上通用的方法一般是 PTS 法，中文意思为预定标准时间法。我们可以理解为所有动作的时间值已经按照一定的规则事前决定好了，决定产品的作业标准时间取决于 IE 工程师采用哪些动作，以及什么样的工艺编排来生产产品，决定了作业动作之后，把预定标准时间值代入相加，就可以得出产品的作业标准时间，并不是采用我们所熟悉的通过现场实测出时间的分析方法。

由此，要计算标准时间，我们需要掌握的就是产品制造过程中的每一个动作属于 PTS 法中的哪一类（哪一个）动作，然后代入预定好的时间值，这样就可以准确地得出该产品的作业标准时间。

在这一节里，主要介绍 PTS 法的定义、基本原理、种类划分及其特征，这是我们今后学习作业标准时间计算方法的基础内容。

一、PTS 法概述

（一）PTS 法定义

PTS（Predetermined Time Standards）预定标准时间法，是指将人所能进行的全部动作分解为基本动作，按照动作的性质、条件，使其符合事先设定好时间值的方法。

基本动作是指由人体四肢就可以完成的简单动作加上移动动作这两部分。这两类基本动作能将人的各种复杂动作分解成简单的基本动作，再配合几种特殊动作的分析方法后，就可以解决作业标准时间的计算问题了。

（二）PTS 法的基本原理

（1）人可以管制的作业动作，都可以细分成 PTS 法中限定的几种基本动作。

（2）这些基本要素的动作，在一定的条件下，不论在何时何地发生，都带有一定的时间值。

（3）一个周期的作业动作所需要的总时间，不能超过构成各种基本要素动作时间的总和（满足规模效应的规律）。

（三）PTS 法的种类

目前，PTS 法可分为六大类，每类可应用的范围都有所差异。使用哪一种来计算作业标准时间，关键是由企业生产的产品特性决定。合理地选择不同的计算方法，才能真实客观地得出产品的标准时间。

表 5－2 列出了 PTS 法的六种方法，供读者参考。

表 5－2　PTS 法的种类

方式名称	简称	中文名称	始于（年）	研究方法
Motion Time Analysis	MTA	运动时间的分析	1924	录像、微动作分析
The Work Factor System	WF	工作系数	1938	时间研究 现场作业
Methods Time Measurement	MTM	基本动作工时定额测量法	1948	时间研究 现场作业

续表

方式名称	简称	中文名称	始于（年）	研究方法
Basic Motion Time Study	BMT	工时定额测量法	1950	实验室研究
Dimensional Motion Time	DMT	空间动作	1952	时间影片 实验室研究
Predetermined Human Work Times	PHWT	人的预定工时	1952	现场作业

（四）PTS 法特征

PTS 法与我们常用的秒表时间研究法相比，具有如下特征：

（1）因为没有规格化的必要性，所以能够以客观的并且全公司统一的基准来设定标准时间。

（2）因为既可以在着手生产之前进行合理作业方法的设定，又可以正确地预测作业时间，所以对降低成本可以起到一定的作用。

（3）对有效的工装夹具、机械设备的设计起作用的同时，也可以让我们事前得知它们在使用期间时间上的优劣。

（4）能够让现场的管理者、作业者充分认识到动作与时间的关系。

（5）就算作业方法发生变更，也可以迅速且容易地对标准时间进行改订。

（6）标准的制订变得更容易，由此，可以大幅减少在标准时间设定上所花费的时间。

（五）PTS 法应用范例

PTS 法应用范例如表 5－3 所示。

表 5－3　书写“IE”两个字母的标准时间计算表

基本动作	记号	分析记号	AU	秒
手伸向铅笔	R	移动：Ⅰ类	1	0.3
抓铅笔	Gr	简单地抓	0	0
纠正铅笔的方向	PP	前置：单手	1	0.3
将铅笔拿过来	Tr	移动：Ⅱ类	2	0.6
将铅笔尖放到指定位置	Asy	组合：≥0.3，<0.9	1	0.3
写“IE”	Tr	移动：Ⅱ类 9 回	18	5.4
合计				6.9

（六）运用 PTS 法时的注意事项

（1）虽然 PTS 法比以往的分析手法多了许多好的特征，但它没有试图改变以往的计算手法。

（2）PTS 法适用的范围只是人可以控制的动作，对于机器控制的动作是不适用的。

二、PTS 中的 AWF 法

（一）什么是 WF 法

WF 法（Work Factor），又叫工作系数法，是以以下前提为基础的：人的身体是可动部分的集合体，手、腕、胴、脚等全部都遵从运动法则的机械部分，即所有种类的作业仅限于手、脚等几个基本身体部位活动的组合。所以如果明确了每个身体部位动作距离与恰当时间值的关系，以此为分析单位，进行综合分析就能设定人作业的标准时间。如图 5－3 所示。

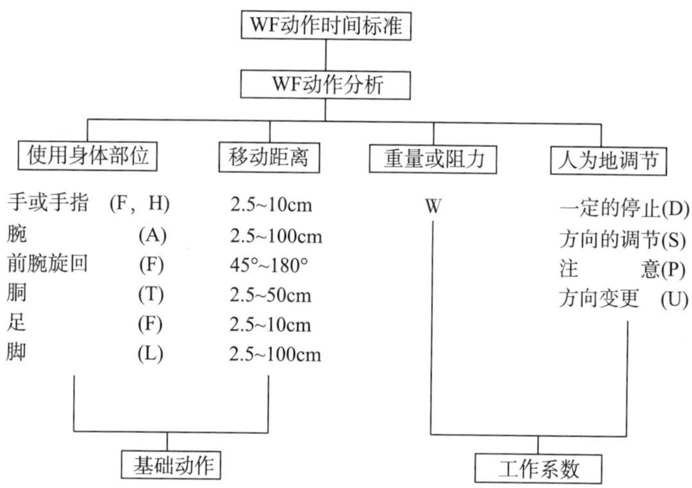

图 5－3　WF 基本动作分析

WF 法由只需最小限度的人为调节就能进行的基础动作与阻碍基础动作的工作系数构成。

（1）基础动作

基础动作是指在人类的动作中，没有任何障碍、能够愉快且迅速进行的自然动作，包含 8 个要素动作，如表 5－4 所示。

表 5 –4　WF 标准要素动作

WF 标准要素动作	基本符号（Therblig）
1. 移动 – Transport 空手 – Reach（R） 荷重 – Transport（Tr）	1. 空手移动 – Transport Empty（TE） 2. 荷重移动 – Transport Loaded（TL）
2. 抓握 – Grasp（Gr）	3. 搜索 – Search（St） 4. 选择 – Select（St） 5. 抓握 – Grasp（G）
3. 前置 – Preposition（PP）	6. 位置决定 – Position（P） 7. 前置 – Preposition（PP）
4. 组立 – Assemble（Asy）	6. 位置决定 – Position（P） 7. 前置 – Assemble（A）
5. 使用 – Use（U）	9. 使用 – Use（U）
6. 分解 – Disassemble（Dsy）	10. 分解 – Disassemble（DA）
7. 放置 – Release（Rl）	11. 放置 – Release Load（DA）
8. 精神过程 – Mental Proces（MP）	4. 选择 – Select（St） 12. 考虑 – Plan（PN） 13. 检查 – Inspect（I）
（WF 标准要素没有）	14. 休息 – Rest（R） 15. 不可避免的 – Unavoidable Delay（UD） 16. 可避免的 – Avoidable Delay（AD） 17. 保持 – Hold（H）

（2）工作系数

基础动作虽然是指动作没有任何限制自由地进行，而实际上往往存在影响该基础动作完成的障碍，如表 5 –5 所示。

表 5 –5　WF 标准要素动作图解

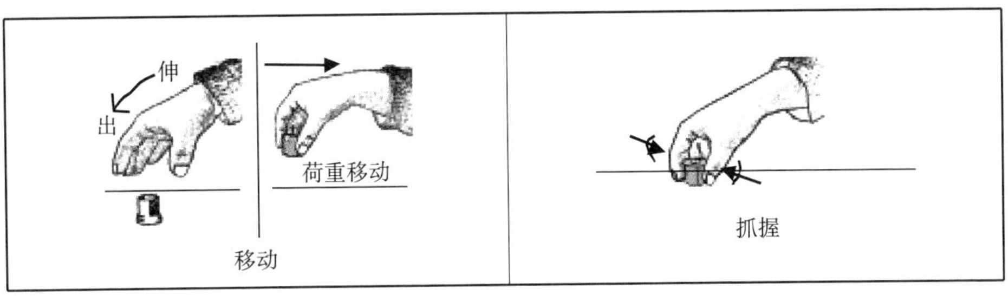

续表

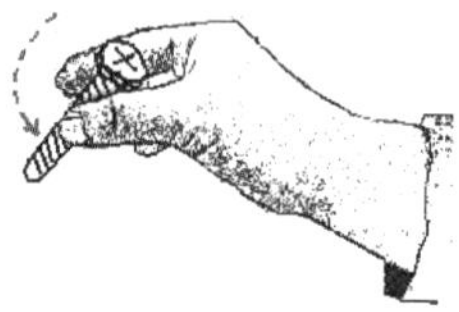 前置	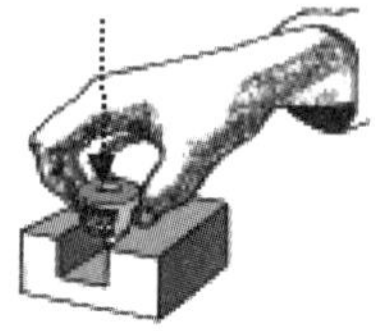 组立
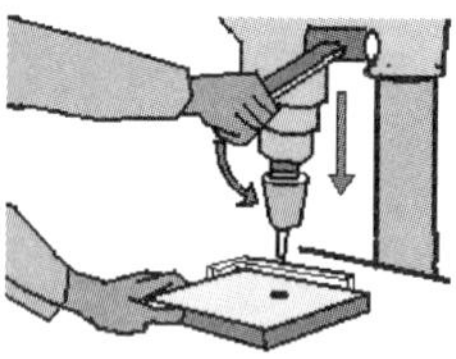 使用	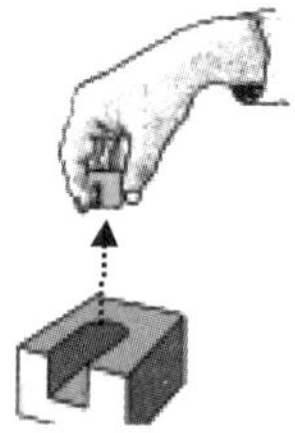 分解
 放置	 精神过程

虽然有处理此障碍的重力或阻力和人为的调节，但这种障碍在 WF 法中被称为“动作的困难性”或“工作系数”（如表 5－6 所示）。所以，工作系数是某动作在包括“重量或阻力”及“人为调节”情况下，计入标准时间的附加时间指数。

表 5－6　WF 法的“工作系数”代号

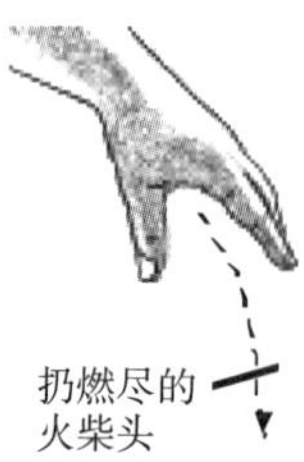	为了抓烟盒而伸手 	把重箱放在 传送带上推 
基础动作	一定的停止（D）	抵抗（W）

续表

将线穿入针孔 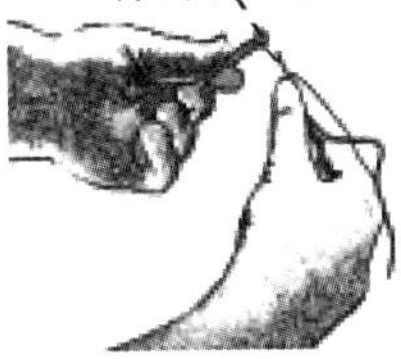	堆积木 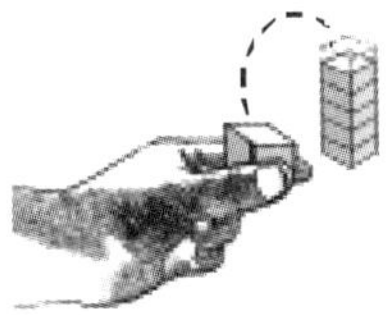	绕过障碍物搬送 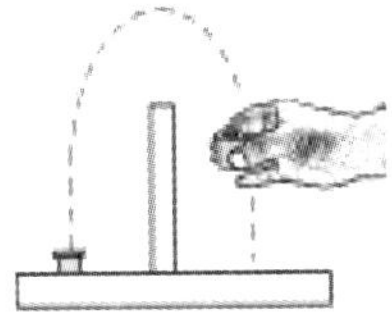
方向调节时出现 一定的停止（SD）	方向调节、集中注意等 有一定的停止（SPD）	变更方向时出现 一定的停止（UD）
把重物放到台上 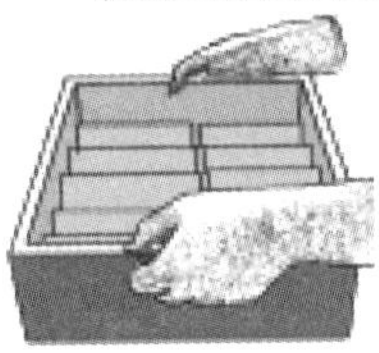	扔砖 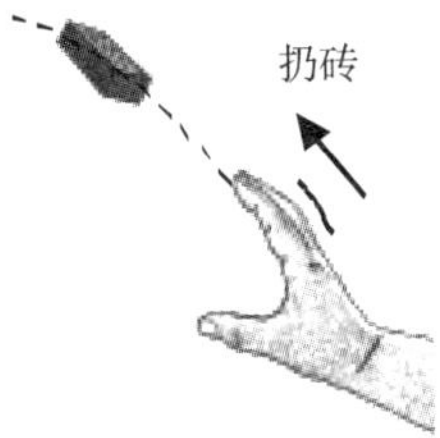	伸手去拿碎杯子 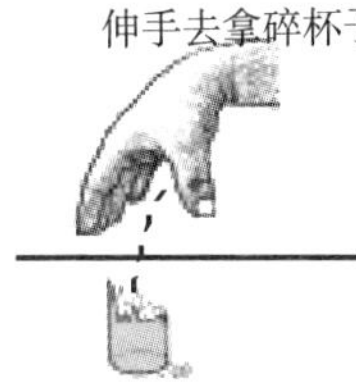
荷重时有一定的停止（WD）	重量（W）	集中注意时有一定的停止（PD）

（二）WF 法的种类

WF 法中，为了经济地进行时间设定，有以下四种方法，企业可根据自身实际要求选用：

（1）详尽法（Detailed Work Factor：DWF）：0.0001 分单位 =1WFU。

（2）简易法（Simplified Work Factor：SWF）：0.001 分单位 =10WFU。

（3）即成法（Ready Work Factor：RWF）：0.001 分单位 =1RU。

（4）简略法（Abbreviated Work Factor：AWF）：0.005 分单位 =1AU。

下面重点介绍简略法，即 AWF 法。

（三）什么是 AWF 法

AWF 法是指根据目的或者适用作业内容，在不需要详细法的情况下或者因需要过长时间分析而不经济的情况下，使用的在某种程度上牺牲正确度的简单分析法。

即成法、简易法虽然比详细法手段简单化，但 AWF 法更为简单。

AWF 法特别适用非重复作业或者长周期作业，能够迅速计算出体力动作所需的时间。

因为该方法非常简单，几个小时内就可以记住，因此不一定需要秒表法的知识。

AWF 法的误差大概是详细法的 0 ~ ±12%（在这之间，可以直接用 ±12%）。

（1）AWF 法的选择时间。

AWF 法中使用的时间测定单位是 0.005 分的选择时间，称此为简略单位或者 AU。

选择时间是指有经验的作业者，有一定的熟练度，并在良好的努力状态下进行某种工作所需时间的平均值。

选择时间中不包括人和物的余量，所以，确定作业标准时间的时候，要在选择时间的总计上加上一定百分比的余量。

（2）AWF 法的时间值表。

在 AWF 法中，为了容易而且迅速地进行实际使用，需要预先设计分析表格。因为已经将工作的主要要素及对应的时间值计入表中，所以在计算时间值的时候，就不需要看其他时间表或计算表。表 5 - 7 所示的 AWF 法时间值供读者使用参照，同时该表在下节内容学习过程中也需要不断对照阅读。

表 5－7　AWF 法时间值表

<table>
<tr><td>AWF</td><td>对象(零件)编号</td><td colspan="6">对象(零件)名称</td><td colspan="10">工序、作业名称</td><td colspan="6">作业者</td><td colspan="3">计算者</td><td colspan="3">日期</td><td colspan="2">NO.</td></tr>
<tr><td rowspan="3">序号</td><td rowspan="3">作业内容</td><td colspan="8">移动(R,Tr)</td><td colspan="3">抓握(Gr)</td><td colspan="3">前置(PP)</td><td colspan="11">组立(Asy)</td><td rowspan="3">分解 Dsy</td><td rowspan="3">精神过程 MP</td><td rowspan="3">步行 WA</td><td rowspan="3">机械时间 MT</td><td rowspan="5">合计时间 AU</td></tr>
<tr><td colspan="4">第一类</td><td colspan="3">第二类</td><td>重量</td><td rowspan="2">中等困难 D</td><td rowspan="2">非常困难 V</td><td rowspan="2">同时 S</td><td rowspan="2">单手 1</td><td rowspan="2">双手 2</td><td rowspan="2">同时 S</td><td rowspan="2">目标尺寸</td><td colspan="2">比例</td><td>重量</td><td>把握</td><td>目标</td><td colspan="3">非可视</td><td rowspan="2">索合 IND</td><td rowspan="2">同时 S</td></tr>
<tr><td>cm <8</td><td>cm ≤50</td><td>m ≤1</td><td>m >1</td><td>cm ≤50</td><td>m ≤1</td><td>m >1</td><td>(w) kg ≥1</td><td>< 0.9</td><td>≥ 0.9</td><td>(W) kg每 2.3</td><td>(GD) cm ≥25</td><td>(DB) cm ≥20</td><td>(TB) cm ≥20 有时</td><td>(PB) cm ≥2.5 经常</td><td>(PB) cm ≥20 经常</td></tr>
<tr><td rowspan="2"></td><td rowspan="2"></td><td rowspan="2">1</td><td rowspan="2">1</td><td rowspan="2">2</td><td rowspan="2">3</td><td rowspan="2">2</td><td rowspan="2">3</td><td rowspan="2">4</td><td rowspan="2">1</td><td rowspan="2">1</td><td rowspan="2">2</td><td rowspan="2">1</td><td rowspan="2">1</td><td rowspan="2">2</td><td rowspan="2">1</td><td>≥0.3 cm</td><td>1</td><td>2</td><td>1</td><td>1</td><td>1</td><td>1</td><td>2</td><td>3</td><td rowspan="2">1</td><td rowspan="2">1</td><td rowspan="2">1</td><td rowspan="2">1</td><td rowspan="2">2</td><td rowspan="2">使用 U</td></tr>
<tr><td><0.3 cm</td><td>2</td><td>3</td><td>2</td><td>2</td><td>2</td><td>2</td><td>4</td><td>6</td></tr>
<tr><td>1</td><td></td><td></td><td></td><td></td><td></td><td></td><td></td><td></td><td></td><td></td><td></td><td></td><td></td><td></td><td></td><td></td><td></td><td></td><td></td><td></td><td></td><td></td><td></td><td></td><td></td><td></td><td></td><td></td><td></td><td></td><td></td></tr>
<tr><td>2</td><td></td><td></td><td></td><td></td><td></td><td></td><td></td><td></td><td></td><td></td><td></td><td></td><td></td><td></td><td></td><td></td><td></td><td></td><td></td><td></td><td></td><td></td><td></td><td></td><td></td><td></td><td></td><td></td><td></td><td></td><td></td></tr>
<tr><td>3</td><td></td><td></td><td></td><td></td><td></td><td></td><td></td><td></td><td></td><td></td><td></td><td></td><td></td><td></td><td></td><td></td><td></td><td></td><td></td><td></td><td></td><td></td><td></td><td></td><td></td><td></td><td></td><td></td><td></td><td></td><td></td></tr>
<tr><td>4</td><td></td><td></td><td></td><td></td><td></td><td></td><td></td><td></td><td></td><td></td><td></td><td></td><td></td><td></td><td></td><td></td><td></td><td></td><td></td><td></td><td></td><td></td><td></td><td></td><td></td><td></td><td></td><td></td><td></td><td></td><td></td></tr>
<tr><td>5</td><td></td><td></td><td></td><td></td><td></td><td></td><td></td><td></td><td></td><td></td><td></td><td></td><td></td><td></td><td></td><td></td><td></td><td></td><td></td><td></td><td></td><td></td><td></td><td></td><td></td><td></td><td></td><td></td><td></td><td></td><td></td></tr>
<tr><td>6</td><td></td><td></td><td></td><td></td><td></td><td></td><td></td><td></td><td></td><td></td><td></td><td></td><td></td><td></td><td></td><td></td><td></td><td></td><td></td><td></td><td></td><td></td><td></td><td></td><td></td><td></td><td></td><td></td><td></td><td></td><td></td></tr>
<tr><td>7</td><td></td><td></td><td></td><td></td><td></td><td></td><td></td><td></td><td></td><td></td><td></td><td></td><td></td><td></td><td></td><td></td><td></td><td></td><td></td><td></td><td></td><td></td><td></td><td></td><td></td><td></td><td></td><td></td><td></td><td></td><td></td></tr>
<tr><td>8</td><td></td><td></td><td></td><td></td><td></td><td></td><td></td><td></td><td></td><td></td><td></td><td></td><td></td><td></td><td></td><td></td><td></td><td></td><td></td><td></td><td></td><td></td><td></td><td></td><td></td><td></td><td></td><td></td><td></td><td></td><td></td></tr>
<tr><td>9</td><td></td><td></td><td></td><td></td><td></td><td></td><td></td><td></td><td></td><td></td><td></td><td></td><td></td><td></td><td></td><td></td><td></td><td></td><td></td><td></td><td></td><td></td><td></td><td></td><td></td><td></td><td></td><td></td><td></td><td></td><td></td></tr>
<tr><td>10</td><td></td><td></td><td></td><td></td><td></td><td></td><td></td><td></td><td></td><td></td><td></td><td></td><td></td><td></td><td></td><td></td><td></td><td></td><td></td><td></td><td></td><td></td><td></td><td></td><td></td><td></td><td></td><td></td><td></td><td></td><td></td></tr>
<tr><td>11</td><td></td><td></td><td></td><td></td><td></td><td></td><td></td><td></td><td></td><td></td><td></td><td></td><td></td><td></td><td></td><td></td><td></td><td></td><td></td><td></td><td></td><td></td><td></td><td></td><td></td><td></td><td></td><td></td><td></td><td></td><td></td></tr>
<tr><td>12</td><td></td><td></td><td></td><td></td><td></td><td></td><td></td><td></td><td></td><td></td><td></td><td></td><td></td><td></td><td></td><td></td><td></td><td></td><td></td><td></td><td></td><td></td><td></td><td></td><td></td><td></td><td></td><td></td><td></td><td></td><td></td></tr>
<tr><td></td><td>合计</td><td></td><td></td><td></td><td></td><td></td><td></td><td></td><td></td><td></td><td></td><td></td><td></td><td></td><td></td><td></td><td></td><td></td><td></td><td></td><td></td><td></td><td></td><td></td><td></td><td></td><td></td><td></td><td></td><td></td><td></td></tr>
<tr><td colspan="32"></td></tr>
<tr><td colspan="2"></td><td colspan="7">净作业时间</td><td colspan="3">余裕率</td><td colspan="4">余裕时间</td><td colspan="7">主作业时间</td><td colspan="3">附带率</td><td colspan="6">标准时间</td></tr>
</table>

③ AWF 法的规则

一、移动动作——空手（R）、荷重（Tr）

移动动作包括伸手或其他部位拿物品，或者为了某种目的伸向特定场所或特定物品的所有动作。

移动动作包括两大类。

（一）第一类移动动作

（1）踢或者投物品的动作。

（2）不需要人为地调节，能够迅速移动的动作。

（3）为了拿单个放置或杂乱地混在一起的物品，或者为了将身体部位放到某物品上而进行普通的延伸动作。

（4）将物品放置在旁边的动作。

（二）第二类移动动作

（1）用躯干来进行的全部动作。

（2）必须在比直径 50 毫米小的空间内完成动作延伸、搬运的全部动作（只是为了拿单个独立放置的物品，不是杂乱地混在一起的物品而伸手的情况）。

（3）需要集中注意力的动作。身体部位有必要远离一接触就会受到切伤、烧伤及其他伤害的物品 25 毫米以内的地方。

（4）身体部位的动作路径是指往椭圆方向变更的所有情况。

（三）其他要点

（1）重力或阻力在 1kg 以上，在第一类或者第二类的移动动作中增加 1AU。

（2）对于在第一类动作中，距离不到 8 厘米的动作，要增加 1AU。如果这样的动作持续数回发生，2 个动作增加 1 个 AU。

(3) 动作的距离以身体部位的始点与终点间的直线距离来测定。有方向变更的动作，凭实际动作路径来测定。

(4) 有两个以上的身体部位结合共同完成一个动作的情况，以花最大时间的身体部位的移动距离为准。

二、抓的动作

抓的动作是指为了拿到目的物用手去抓。手指操作开始的位置为起，将目的物移到所指定方向的状态为结束。

AWF 法中抓取动作区分为以下几项：

(1) 简单地抓取——橡皮 (O)。

(2) 中程度地抓取——硬币、熨斗 (M)。

(3) 困难地抓取——针 (D)。

(4) 非常困难地抓取——手表用的小螺丝 (V)。

在从杂乱混在一起的地方，用两手同时各拿一个物品的情况，有必要追加两手协调的余量，称此为同时余量。作为同时余量，在正规的抓取时间值上加 1AU。具有图 5－4 所示关系的情况也需要加同时余量。

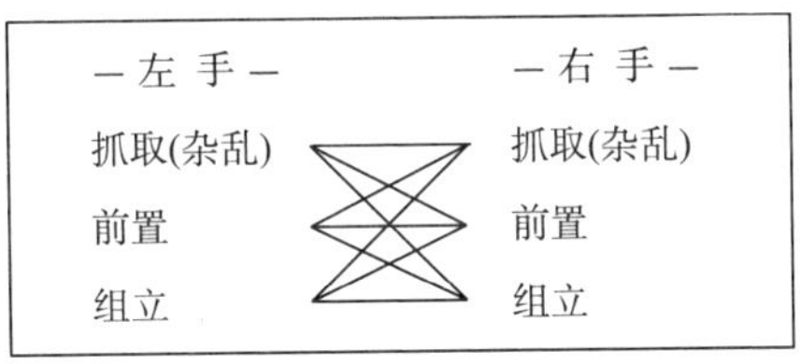

图 5－4　需增加同时余量的双手动作关系

三、前置动作

前置是指为了将某东西放在适于使用的方向，或者旋转，或者改变方向的动作。

例如，从杂乱放置螺杆的地方拿取螺杆，其中 50% 是在不动就能够拿到的方向，只剩下 50% 的方向相反，所以需要前置动作。可是，移动中的手指动作或手腕旋转一次完全的前置动作，不需要时间值（如图 5 –5 所示）。

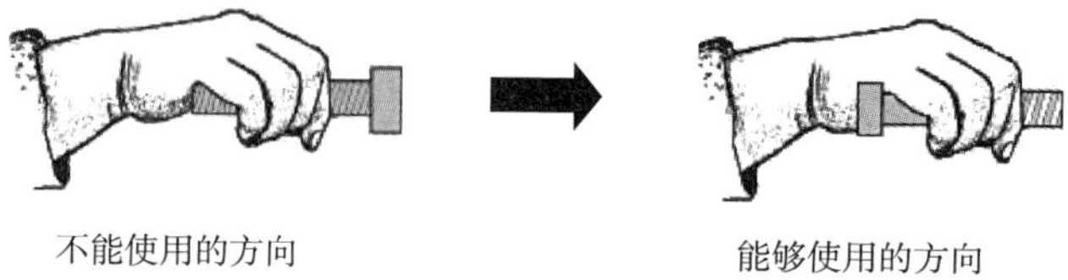

图 5 –5　前置动作示例图

AWF 中的前置区分为以下两项：

（1）单手前置——通过一只手操作，能够改变到合适方向的情况。

（2）双手前置——为了纠正一件物品的方向，因为太重或者太大而有必要更换用双手的情况。

单手前置的情况，左手和右手同时前置各个物品的情况，或者与抓取（杂乱放置的）组立的动作同时发生前置的情况，需要加同时余量。

四、组立动作

组立动作是为了将两个东西合成一定的关系所必需的要素。组立动作成为必要要素是在组合的两件物品之间的间隙不超过 1.6 厘米的情况下（如图 5 –6 所示）。

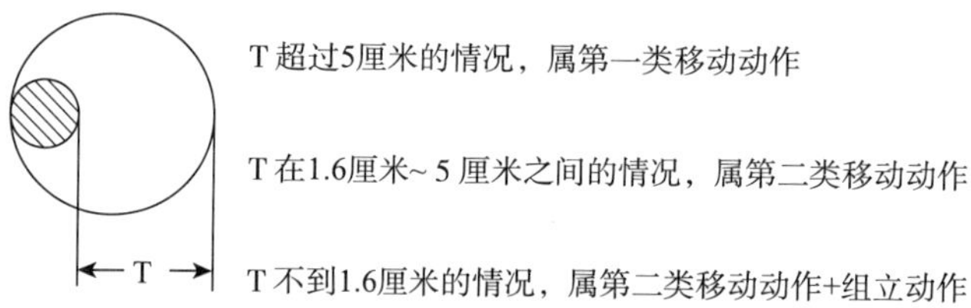

图 5 –6　界定组立动作的标准

组立动作包括机械性组立和面组立两种。

机械性组立指像钥匙插入钥匙孔时，将两者带入最终的关系中，有机械的物理帮助的情况。

面组立指像将书摞在其他书上时，无机械的物理帮助，只依靠视觉及肌肉的调整来完成的情况。

（一）机械性组立

1．普通的机械性组立

普通的机械性组立由插入物（Plug，P）与目标物（Target，T）所组成，例如将钥匙插入匙孔。

（例）	（P）	（T）
钥匙插入钥孔	钥匙	钥孔
给铅笔盖上笔帽	铅笔	笔帽

（1）目标物的尺寸。

将目标物直径或者目标物最窄区域尺寸，作为目标物的尺寸（用 D 表示）。目标物的尺寸按照≥3mm 与 <3mm 来区分，如图 5 –7 所示。

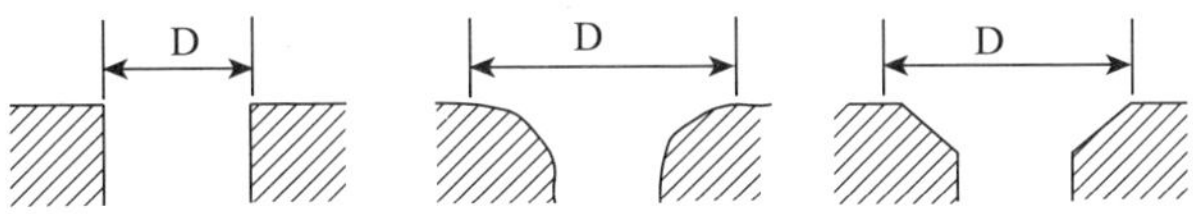

图 5 –7　目标物尺寸

（2）插入物的尺寸，用 d 表示，如图 5 –8 所示。

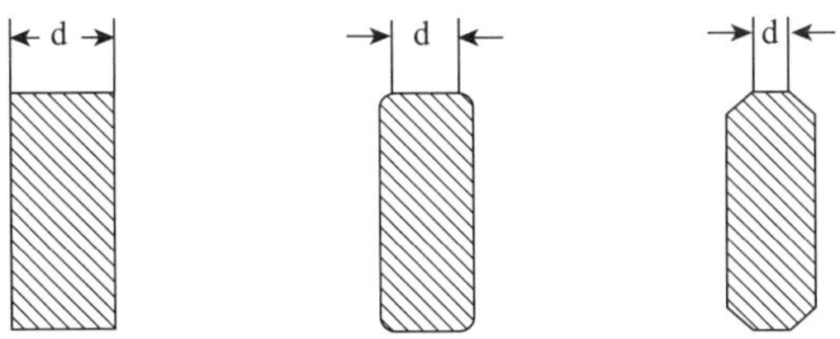

图 5 –8　插入物尺寸

（3）比例（插入物尺寸/目标物尺寸），如图 5 –9 示。

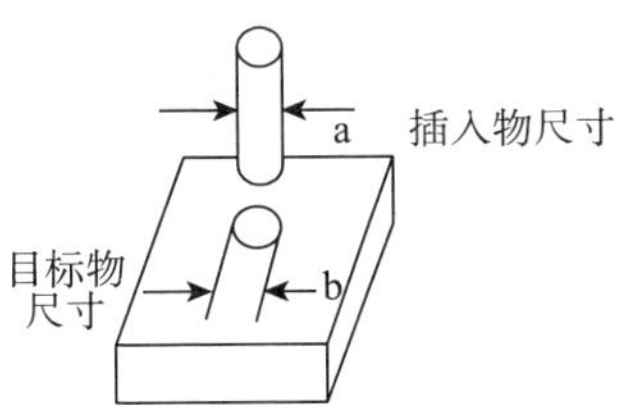

比例按照<0.9和≧0.9来区分

非对称的情况，有两个以上的比时，取其中的最大值

$$比例=\frac{a(插入物尺寸)}{b(目标物尺寸)}$$

图 5 –9　目标物与插入物尺寸比例关系

（4）用目标物尺寸及比例来求得组立时间。

2．组立困难性追加

（1）重量（W）

操作物品的重量超过 2.3kg 的时候，超过 2.3kg 的部分每增加 2.3kg 增加 1AU。

（2）把握距离（GD）

用手抓取物品的部分时，离组装目标物的部分很远的情况比抓取最近部分的情况，组立难度大。正在抓取物品的手指插入位置或目标物的组立位置的直线距离为 25 厘米以上的情况，有必要加入时间值表中所示的 AU（如图 5－10所示）。

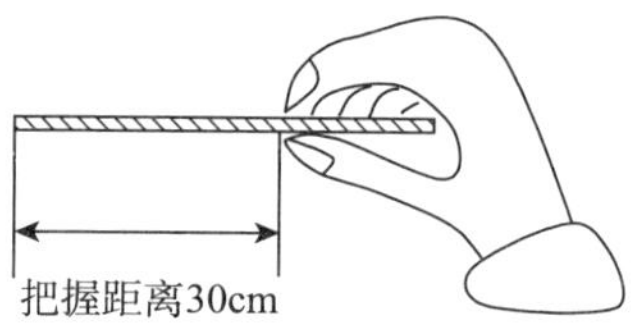

图 5－10　把握距离

（3）目标物间的距离（DB）

距离 20 厘米以上的两个插入物或者组装到目标物上的时候，有必要追加 AU，如图 5－11 所示。

图 5－11　两个目标物组立

（4）非可视性目标物——暂时的非可视性（TB）

虽然是目标物（或插入物），但在组立之前的移动动作开始之后，就看不见了。暂时是非可视性的情况，如果距可视面的距离不到 20 厘米，没有必要加入 AU；在 20 厘米以上，则要加入时间值表上相对应的 AU。

（5）非可视性目标物——经常的非可视性（PB）

虽然是目标物（或插入物），但在组立之前及途中都看不到的情况（如图 5－12 所示）。非可视性组立的难易度取决于从最近的可视面到目标物（或插入物）的距离。

在经常非可视性的情况下，如果距可视面不到 2.5 厘米没有必要加上 AU；大于 2.5 厘米，则要加入相应的 AU。

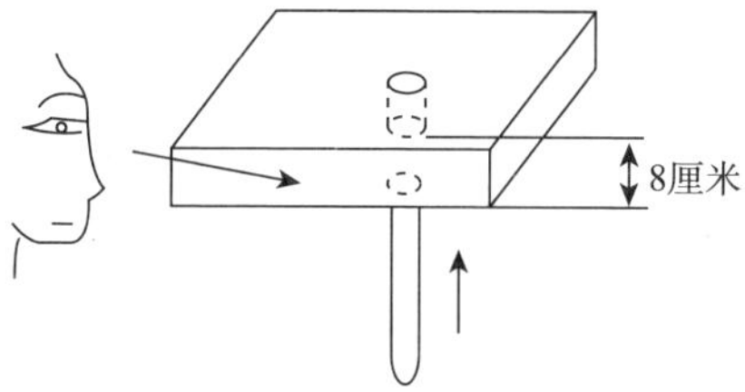

图 5-12　经常的非可视性

（6）索合（IND）

需要非圆筒状断面的插入物（或目标物）的情况，为了完全组合在一起，必须让其旋转（只有比例在 0.75 以上的时候）。此时的旋转动作是索合，加入 1AU，图 5-13 为需要索合的情况。

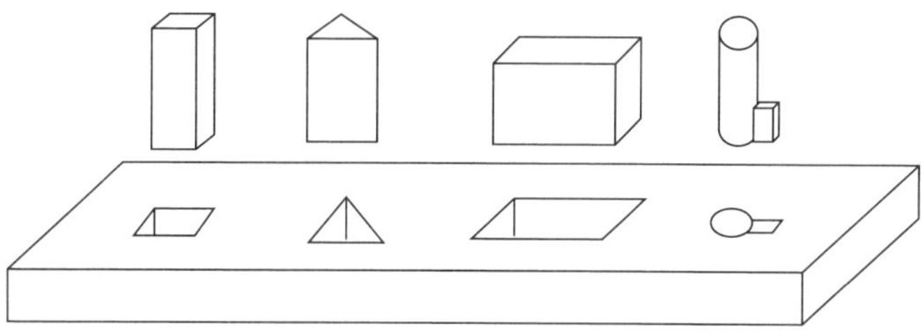

图 5-13　需要索合的组立

（7）同时余量（S）

在用两手同时进行分别的组立，或单手进行组立，同时另一只手进行从杂乱地放置处拿取的动作，或者进行前置动作的情况下，有必要加入 1AU 的余量。

（二）面组立

1. 普通面组立

面组立的情况与机械性组立不同，取吻合面的容许尺寸作为目标物的尺寸，如图 5-14 所示。

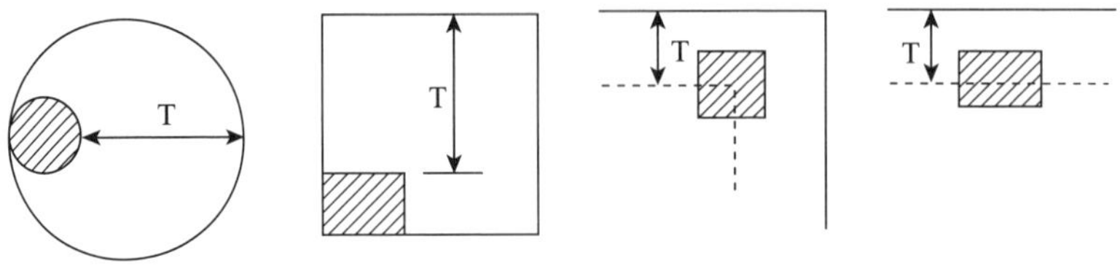

图 5－14　面组立示意图

面组立与机械性组立不同，因不用嵌入，所以就没有插入物与目标物的对比，因而比例全部为小于 0.9。

2．组立困难性追加

（1）重量、把握距离、2 个目标物间的距离、同时余量，与机械性组立条件下做同样处理。

（2）非可视性、索合在面组立不做处理。

五、分解

为了把一个物品从另一个物品那里拿开，有必要进行对抗阻力抽出等需另外动作的情况下，需要加入 1AU。

六、放开

放开动作虽然指手指或手从物品那里离开，但因是极短的时间所以在 AWF 中省略，所以不记入表中。

七、精神过程

视检是最普通的精神过程，集中眼于焦点，为了调查特定的一点、一面或一特征，作为必要时间要提供 1AU。

视检与肢体动作同时进行的时候，没有必要给予检查时间，因为已经给予肢体动作时间。

八、步行

走一步让身体前进约 76 厘米，需增加 2AU。另外，停止状态或开始步行前，旋转身体 120°以上的动作计算为一步。

九、使用（机械时间）

WF 标准要素动作中既有包括肢体动作的情况也有不包含的情况。人能控制的动作适用于移动动作等规则，记入分析表的移动动作等栏中。纯粹的机械时间必须根据时间研究、计算或估计，然后用 AU 单位将其时间记入机械时间栏中。

第六章
时间模特法

MODAPTS 法也属于 PTS 法的一种，也是通过给各种动作预先制订标准时间，来衡量我们实际操作中各种动作的所需时间。

❶

MODAPTS 法概述

MODAPTS 是取英文 Modular Arrangement Predetermined Time Standards 的第一个字母而来，意思是指预先排列且被标准化的有模型参照的时间，简称时间模特法，也称为 MODAPTS 法。

MODAPTS 法是在 1966 年由澳大利亚的海特博士（G. C. Heyde）研究发表的，是一种省略了时间，将时间和动作融为一体，但计算精度又优于传统 PTS 法的时间研究技术。

一、MODAPTS 法的原理

（1）把人的动作分成 21 个基本动作。人类在实际生产中所有动作都可以分解为由基本动作构成的复合动作。

（2）在同等条件下，不同的人完成同一动作的时间基本相等。这里所说的同等条件是指操作条件相同，如在人的疲劳度、熟练度、作业的难度、使用的辅助工具、经验等都相同的情况下进行。

（3）如同 WF 法一样，MODAPTS 法的动作也是由人体器官有限的几个部位在最适合的距离、重量情况下所能完成的动作构成。每个动作所需要的时间值互成比例。

（4）MODAPTS 法的时间单位。将一个正常人动作中动作级别最低、速度最快且能量消耗最少的手指动作一次所要的时间值作为 MODAPTS 法的时间单位，记作“MOD”。

（5）MODAPTS 法的单位时间值 1MOD = 0. 129 秒，这是手指动作一次的时间值。在这一时间之内，手指可能移动的范围约为 2. 5 毫米。

理论上讲，单位时间值越小，越能精确地测出各种动作所要的时间值。一般选定单位时间值不应该超过该种 PTS 法中速度最快的基本动作时间值。就好比 MODAPTS 法中，速度最快的就是手指动作一次 0.129 秒。

（6）MODAPTS 法中都是以手指动作一次的时间消耗值为基础来确定其他动作的时间值。但我们也应该记住，同一个人他的最快速度和平均速度是有区别的，但这两个数的比值接近常数。

例如：

不同人的手在无阻碍时的移动（也可以是同一个人）：

$$\frac{\text{最快速度所需时间}}{\text{正常速度所需时间}}=0.57$$

在障碍物高度为 10～30 厘米时手的移动：

$$\frac{\text{最快速度所需时间}}{\text{正常速度所需时间}}=0.59$$

在没有障碍物的情况下，假设身体某一部位的最快速度动作时间值为 t_1，身体某一部位的正常速度动作时间值为 T_1；身体其他部位最快速度时间值为 t_2，正常速度动作时间值为 T_2，……身体第 n 部位最快速度时间值为 t_n，正常速度动作时间值为 T_n，则：

$$\frac{t_1}{T_1} = \frac{t_2}{T_2} = \cdots \frac{t_n}{T_n} = K$$

因为（t_1/T_1） ＝ （t_2/T_2）

所以（T_2/T_1） ＝ （t_2/t_1） 或 （t_3/t_1）；（t_n/t_1） ＝ （T_n/T_1）

也就是说，两个动作的最快速度所需时间之比，等于这两个动作的正常速度所需时间之比。正常速度只是一个概念值，而最大速度可以通过大量的实验，再通过数理统计方法求得其代表值，从而求得 K 值。

这样，只要使得 t_1 为手指动作一次的正常值，那么就可以根据公式求得身体其他部位动作一次与手指动作一次的比值 K，从而确定身体其他部位动作的 MOD 数。

（7）大量实验数据表明，身体其他部位动作一次的 MOD 数均大于 1MOD。通过四舍五入的简化处理后，可以得到身体其他部位动作一次所需的正常时间值均为手指动作一次的 MOD 数的整数倍。

二、MODAPTS 法的特征

MODAPTS 法相对于其他标准时间计算方法来说，具有以下特征：

（1）规则简单，易于掌握。

MODAPTS 法中动作种类只有 21 个，相对于其他 PTS 法来说都要少，并且时间值也只有 8 个，相对于 MTM 法的 31 个时间值来说，减少了许多。具体如表 6－1 所示。

表 6－1　MODAPTS 法与其他 PTS 法对比

项目＼类型	MODAPTS	MTM	WF	MSD	MTA	BMT
基本动作及附加因数	21 种	37 个	139 种	54 种	38 种＋29 个公式	291 种
不同的时间值个数	8 个	31 个	—	30 个	—	—

（2）21 种动作中分成两大类，即基本动作＋身体及其他动作。

（3）21 种动作中时间值有：0，1，2，3，4，5，17，30 共 8 个，时间值的单位一律为“MOD”。在这 21 种动作，8 个时间值当中，有的动作是不需要时间的，时间值为“0 MOD”，而有些动作需要很多时间，时间值为“30MOD”。

（4）在基本动作中，也分为两类，即移动动作＋终结动作。

在终结动作中，又分为两类，即抓取动作＋放置动作。

在 21 种动作分类中，移动动作有 5 种，时间值也只有 5 个；终结动作有 6 个，时间值有 5 个；身体及其他动作有 10 个，时间值为 7 个。

（5）动作记号后面跟着的数字表示这种动作的时间值 MOD，做到了动作符号与时间融为一体。

（6）这种方法具有“一看就懂”、“一学就会”、“一记就牢”、“一用就通”的好处。

（7）具有很强的实用性。

MODAPTS 法不需要专业测定，也不需要专门的评比，可以根据动作的划分简单计算出各种动作的正常时间。

在实际使用中，各企业也可以根据实际情况对 MODAPTS 法的单位时间值 MOD 进行修改。比如：

1MOD =0. 129 秒 =0. 00215 分

这是正常值，属于能量消耗最小的动作，也是 MODAPTS 法的时间单位理论值。

1MOD =0. 1 秒

取这个时间值，则要求劳动者作业效率很高，是熟练度也在高水平情况下的动作时间值。

1MOD =0. 143 秒

这个时间值包括了作业者在作业过程中疲劳度的恢复时间，比理论值多了 10. 75% 的动作时间值。加入疲劳恢复时间的算法，是企业普遍采用的一种算法。只不过有些企业加入的疲劳度恢复时间的比例不同罢了，一般加 10% 的比例比较常见。

1MOD =0. 12 秒

这是一个比较快的时间值，比正常速度快 7% 左右。

（8）计算精度不低。

从 AWF 的 1AU =0. 3 秒来看，MODAPTS 法的 1MOD =0. 129 秒要精确多了。从表 6 –2 可以看出，MODAPTS 法的时间精度与 WF 中详细法的时间精度相差不大。

表 6 –2　WF 法与 MOD 法的对比分析

动作分析	WF 法（详细法）		MOD 法	
	动作分析	时间（WFU）	动作分析	时间（MOD）
1. 伸手 50cm 向零件	A50D	80	M5	5
2. 抓取零件（W =1. 15Kg）	F2. 5W	23	G1	1
3. 把零件拿向主机移动 100cm	A100WSD	159	M5P2	7
4. 用手指移动零件（距离 7. 5cm）	F7. 5D	28	M1	1
5. 手移动（5cm）A 箱——易损零件	A5P	29	M2	2
6. 手移动零件 75cm 到某处	A75D	96	M5	5
7. 用手把零件向下 2. 5cm	A2. 5W	26	M1L1P0	2
8. 放下零件（手移动 2. 5cm）	A2. 5W	26	M1P0	1
合计		467 （0. 0467min）		24 （0. 0516min）

从表 6－2 可以看出，WF 法中详细法计算的时间值与 MODAPTS 法计算出来的时间值只相差 0.0049 分，两者之间非常接近。

三、关于 21 种动作记号

对于 MODAPTS 法的 21 种动作，我们可以用以下图形来描述：

（一）移动动作

图 6－1 是基本动作中移动动作的分类，动作主要发生在手上。按手的大关节来分，将移动动作分成五种。用 M 来表示移动动作的记号，M 后面的数字表示对应动作的 MOD 时间值。

例如，M_1 表示这个移动动作所需时间值为 1MOD。MODAPTS 法的时间单位就由此而来。该动作发生在手指关节。

依此类推，M_5 表示这个移动动作需要 5MOD，是移动动作中最花时间的一个动作。该动作发生在从手指到肩膀之间移动的区域。

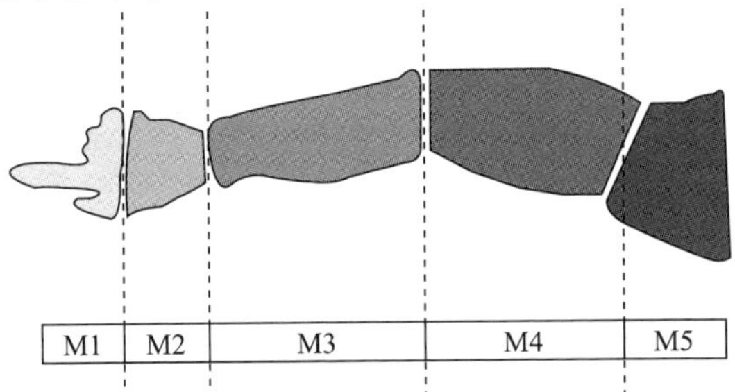

图 6－1　移动动作的分类

（二）终结动作中的抓取动作 G

抓取动作用“G”表示，其时间值最小为 0 MOD，最大为 3MOD。要注意的是抓取动作中没有 G2，如图 6－2 所示。

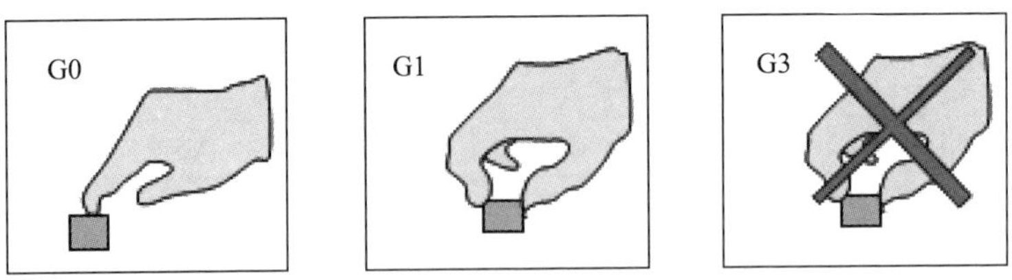

图 6－2　抓取动作

（三）终结动作中的放置动作 P

放置动作用“P”表示，时间值最小为 0 MOD，最大为 5MOD。要注意的是放置动作中没有 P1、P3 和 P4，如图 6－3 所示。

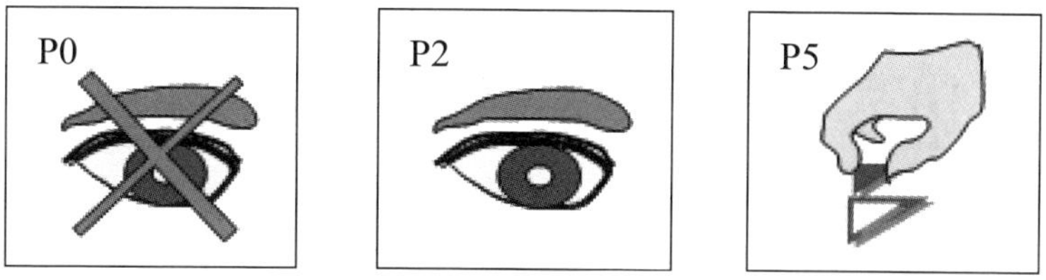

图 6－3　终结动作中的放置动作

（四）身体及其他动作

这一类别的动作共有 10 个。这 10 个动作共同点之一就是需要的 MOD 数比较多，这就意味着发生一次这样的动作，代价就是比基本动作花费更多的时间。这 10 个动作也是带有困难性的动作，具体如图 6－4、图6－5、图 6－6、图 6－7、图 6－8、图 6－9、图 6－10、图 6－11、图 6－12 和图 6－13 所示。

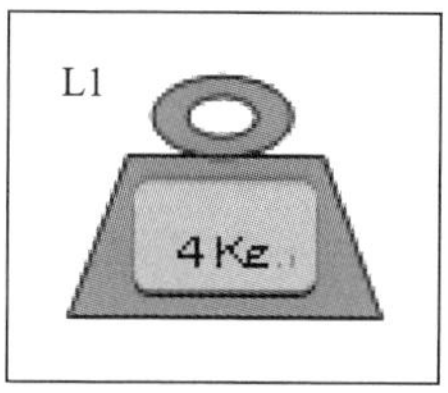

图 6－4　重量 L1

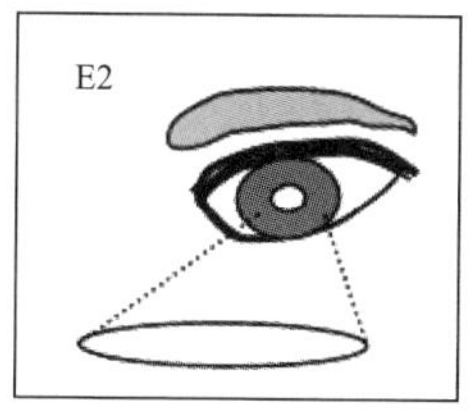

图 6－5　（独）目视确认动作 E2

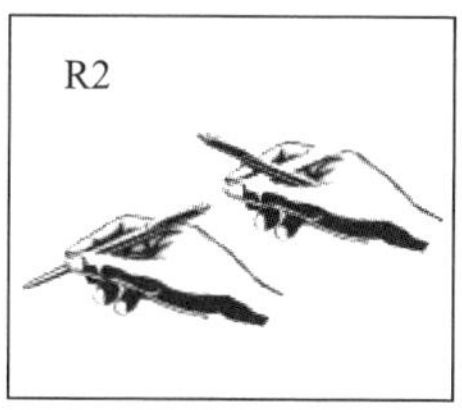

图 6－6　（独）校正（调整）动作 R2

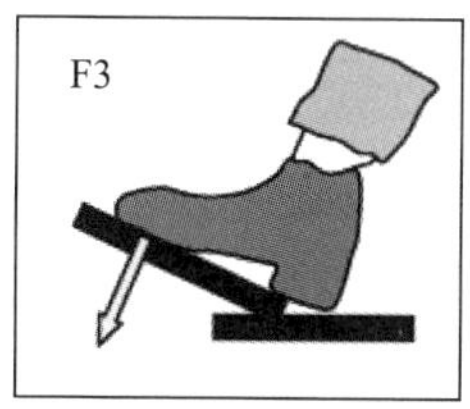

图 6－7　脚踏板动作 F3

图 6－8　（独）单纯判断和反应动作 D3

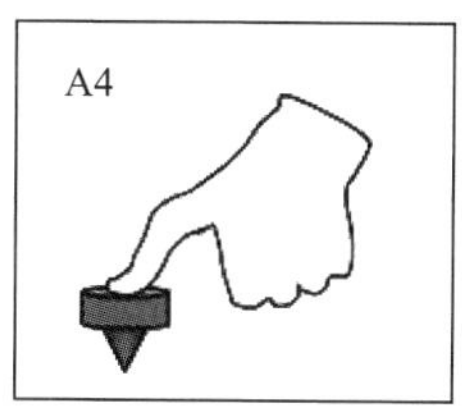

图 6－9　（独）按下动作 A4

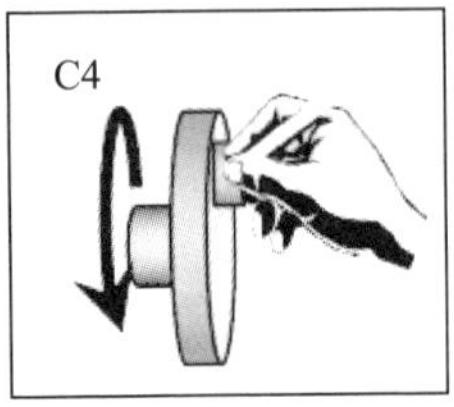

图 6－10　旋转动作 C4

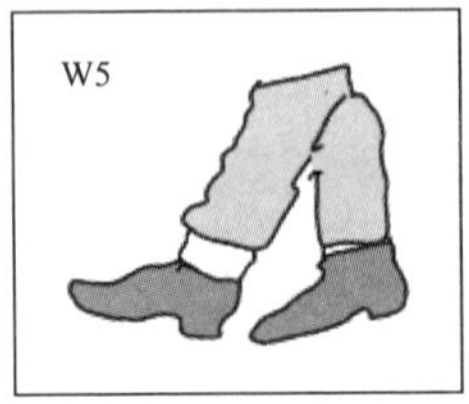

图 6－11　步行动作 W5

图 6－12　（往）弯腰动作 B17

图 6－13　（往）坐下站起动作 S30

四、MODAPTS 法动作分类表

表 6－3 中记录的动作种类都是工厂中常见的操作动作。

表 6－3　MODAPTS 法的 21 种动作记号

<table>
<tr><td rowspan="12">上肢动作</td><td rowspan="6">移动动作</td><td rowspan="5">移动动作</td><td>M1 手指动作</td></tr>
<tr><td>M2 手腕动作</td></tr>
<tr><td>M3 小臂动作</td></tr>
<tr><td>M4 上臂动作</td></tr>
<tr><td>M5 手伸直动作</td></tr>
<tr><td>反复多次的反射动作</td><td>（M1/2，M1，M2，M3）</td></tr>
<tr><td rowspan="6">终结动作</td><td rowspan="3">触摸动作
抓握动作</td><td>G0 碰、触</td></tr>
<tr><td>G1 简单地抓取</td></tr>
<tr><td>G3 （注）复杂抓取</td></tr>
<tr><td rowspan="3">放置动作</td><td>P0 简单地放置</td></tr>
<tr><td>P2 （注）较复杂放置</td></tr>
<tr><td>P5 （注）组装动作</td></tr>
</table>

续表

其他动作	下肢动作	F3 脚踏板动作
		W5 步行动作
	附加因数	L1 重量
	其他动作	E2（独）目视确认动作
		R2（独）校正（调整）动作
		D3（独）单纯判断和反应动作
		A4（独）按下动作
		C4 旋转动作
		B17（往）弯腰动作
		S30（往）坐下站起动作
说明	（注）：在进行该动作时需要注意力才能完成的动作	
	（独）：在其他动作停止的场合才可能独立进行的动作	
	（往）：往复动作，表示往复一次回到原来的状态	

表 6－3 中动作符号后面的数字表示该动作的时间值 MOD 数。

以上为 MODAPTS 法的 21 种动作记号的简单介绍。有了这些记号，用 MODAPTS 法来分析动作的标准时间就变得简单了。关于这 21 个动作的使用方法及使用中的注意点，在接下来的章节中将做详细说明。

②

MODAPTS 的基本动作

这一节主要介绍基本动作中 11 个动作的内容及使用时的要求事项。

一、移动动作 M1

M1 为手指的动作（图 6－14），动作的活动范围只要移动手指即可完成。比如手放在键盘进行按键操作或用拇指和食指拿住螺母将其套入螺杆上的动作（单程动作）。用手指将开关拨到 ON（或 OFF）位置的动作也属于 M1 动作。M1 动作，即一般手指可触及的范围，约为2 厘米。

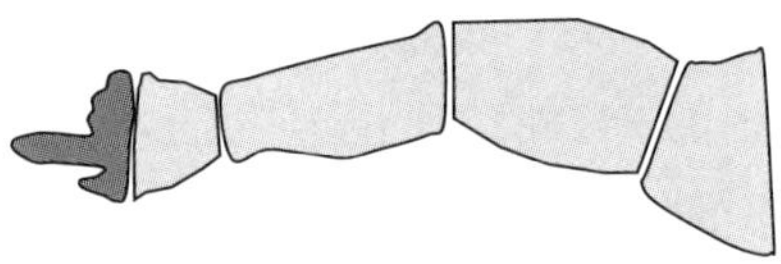

图 6－14　移动动作 M1

二、移动动作 M2

M2 动作是指用手腕以前的部分进行的动作，也包括手指的动作（如图 6－15所示）。手腕每动作一次耗时为 2MOD。一般手腕动作可触及的范围为 5 厘米。

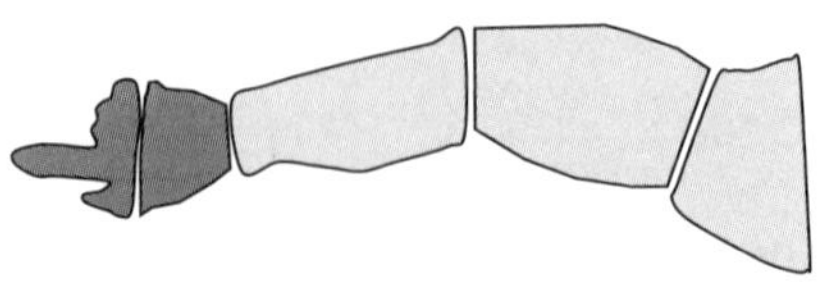

图 6－15　移动动作 M2

用手旋转开关旋钮，但每次旋转没有超过 180°或用手翻书等动作都属于 M2 动作。

注：在进行 M2 动作的时候，有时或多或少可能会牵动到小臂，但在实际动作分析的时候仍然按 M2 动作来分析。如在笔记本上用圆珠笔手描一根约 5 厘米长线的动作，动作中偶尔也会牵动到手腕以上的部分。

三、移动动作 M3

M3 动作是以肘关节为中心（固定点）的小臂动作，其动作关节包括手指、手腕和小臂（如图 6－16 所示）。每动作一次时间值为 3MOD。小臂动作范围约为 15 厘米。例如在纸上划一条 15 厘米长的直线。

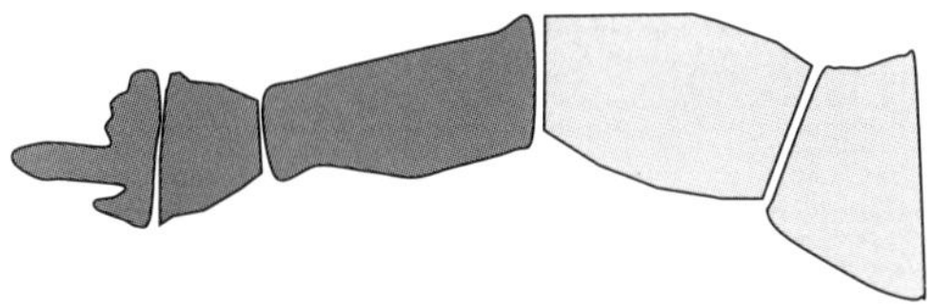

图 6－16　移动动作 M3

注：在进行 M3 动作的时候，有时或多或少可能会牵动到上臂，但在实际动作分析的时候仍然按 M3 动作来分析。

在操作中，M3 的移动动作范围为正常作业区，一个人的作业大部分都可以在这个区域里来完成。同时，我们在操作设计的时候，应该尽可能将作业设计在这个区域里。

四、移动动作 M4

M4 动作为上臂及上臂以下的各关节在整体的自然状态下伸出的动作，如图 6－17 所示。M4 动作移动可触及距离大约为 30 厘米，如把手伸向放在桌子前方的零件，伸手拿头部位置的工具。

在实际操作设计的时候，并不是所有的作业都可以设计在 M3 的区域里完成。限于场所或作业编排的局限，某一些动作设计在 M4 区域中，也是必不可

图 6－17　移动动作 M4

少的。M4 动作几乎是整个手在移动（操作）的一种状态。

五、移动动作 M5

M5 动作是指上臂在尽可能伸直的状态下进行的动作（如图 6－18 所示），包括手臂往后面伸出拿取零件。这是一个在胳膊自然伸直的基础上，再尽量伸出去的动作。这个时候我们也可以体会到胳膊像被拉了一下，动作进行中似有一种紧张感同时也感觉肩、背的肌肉被拉紧，这种动作我们定义为 M5 动作。

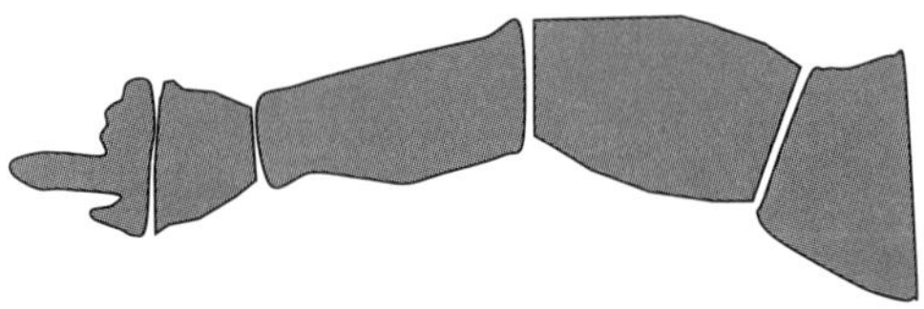

图 6－18　移动动作 M5

如把手尽量地伸向工作台的侧面，背过手去拿后面零件架上的零件，垫起脚跟伸直胳膊去拿较高零件架上的东西……

M5 动作时间值为 5MOD，其动作可及范围约为 45 厘米。在移动动作中，M5 是最不经济的动作，我们在实际作业设定的时候应取消或尽可能避免。

六、移动动作的能量损耗关系

表 6－4 是各移动动作的距离、时间值、能量消耗的对比图。

表 6－4　移动动作的距离、时间值、能量消耗的对比图

对比项目	对比关系				
移动动作类型	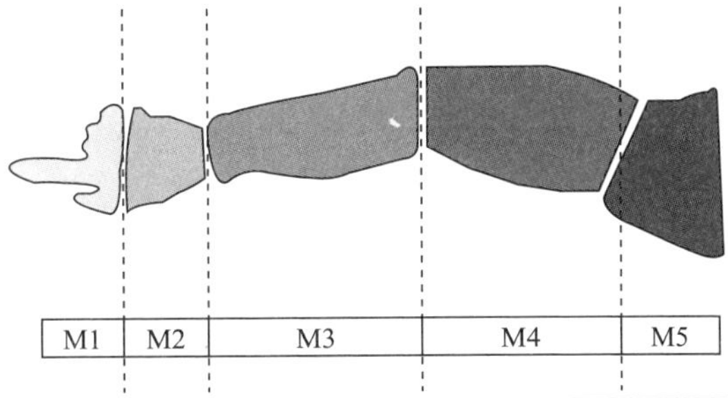				
动作距离（厘米）	2	5	15	30	45
动作时间（秒）	0. 129	0. 258	0. 387	0. 516	0. 645
能量消耗（倍）	1	2	30	160	190

从能量消耗的角度上讲，M1 最节约能量。假设我们将 M1 定为 1 单位的能量消耗，对于 M5 来说，相当于 M1 的 190 倍，但时间值却只是 5 倍而已。换句话说，M5 最容易使人疲劳。

移动动作范围变大，带来的是能量消耗成几何级数的增长。所以最经济的原则就是在最少的时间里完成最多动作的同时，要避免作业者容易疲劳导致品质问题、效率问题、安全问题的发生。

七、移动动作伸手范围概念图

移动动作伸手范围具体如图 6－19 所示。

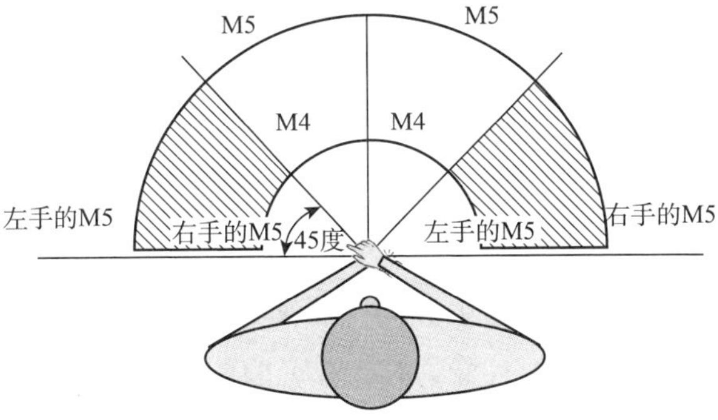

图 6－19　移动动作伸手范围概念图

说明：

（1）左（右）手在斜线部分的右（左）边进行操作，都属于 M5 的动作。

（2）两手在外圈以外部分操作，都属于 M5 的动作。

（3）两手在两圈之间且在斜线之间的动作（不管在左边还是右边），属于 M4 动作。

八、终结动作之抓取动作 G

在移动动作结束之后，手或手指握住（或触及）目标物的动作称为抓取动作，用符号 G 来表示。抓取动作随着被抓对象与方式的不同，分为三种。

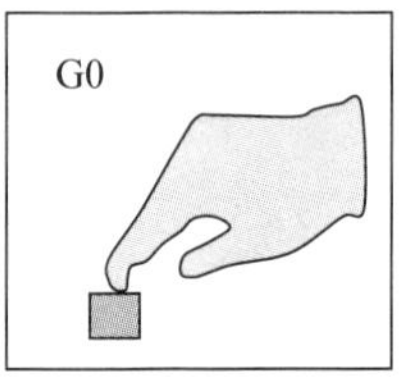

图 6－20　触摸动作 G0

触摸动作 G0 是指用手指或手去触摸目标物的动作（如图 6－20 所示）。动作本身没有去抓取目标物的意思。由于只是碰、触的简单动作，所以它的时间值为 0MOD。

如点击触摸屏中的按键；按键盘的按键；推物件时，先触摸该物件，然后再去推动它，这里的触摸动作就是 G0。

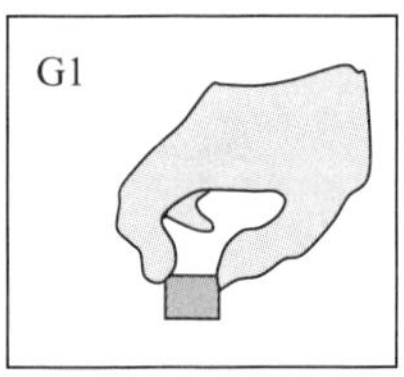

图 6－21　简单的抓取动作 G1

简单的抓取动作 G1 是指手或手指在自然放松的状态下抓取目标物的动作（如图 6－21 所示）。简单抓取表示在抓取过程中目标物大小适中，重量适中且周围没有障碍物阻挡。动作一旦展开，就可成功，不需要重复尝试，也不需要太多的注意力，这样才称得上简单抓取。简单抓取 G1 时间值为 1MOD。

如抓取桌面上的钢笔，抓取桌面上的杯子，拿取零件盒里的一个齿轮。

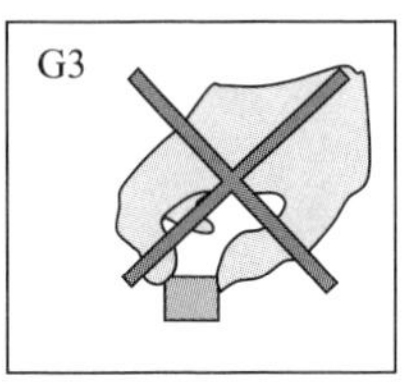

图 6－22　复杂的抓取 G3（注）

复杂的抓取用 G3 表示，其动作时间值为 3MOD。G3 动作是指抓取目标物的时候，需要集中注意力，不然动作无法完成或完成很困难（如图 6－22 所示）。比如，目标物很小或周围有障碍物阻挡；目标物易碎易变形；在抓取目标物时，有可能使人受伤，这样导致我们在抓取目标物时会产生迟疑、犹豫；也有可能不是一次动作就会成功，用 G1 无法完成。

如抓取平躺在桌面上的垫片，抓取放在盒子里的绣花针，抓取混放在零件盒里的一颗螺丝（拿取时需要拨开堆放在该螺丝周围的其他零件）。

在抓取动作中，没有 G2 的动作，也没有 G4 及 G4 以上的动作。取消或减少 G3 动作，是我们在进行抓取动作中应该考虑的主要问题。

九、终结动作之放置动作 P

终结动作是指将抓取在手中的目标物正确地放在事先指定好的位置上。在放置目标物时，由于放置场所（地方）的不同，有的在放置时需要注意力而有些则不需要注意力。因此，放置动作 P 分为三种情况。

简单的放置动作用 P0 表示（如图 6－23 所示），动作的时间值为 0MOD。该动作只是将搬运到目的地的物件放下即可，放置时没有特殊要求，也没有位置偏差的限制，放置场所周围也没有障碍物阻挡，场所一目了然，一次放置即可成功。由于动作简单，所以不需要时间值，为 0MOD。

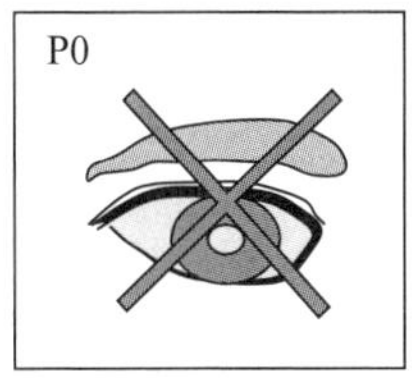

图 6－23 简单的放置动作 P0

如将钢笔放在桌面上，将废纸扔到身边的纸箱里，松开握住的挂式螺丝刀。

简单的放置动作之所以不需要时间，只因为放置物件时提供了很多便利条件，比如放置场所面积、放置的距离……所以将动作实现 P0 的转变，是我们在作业设定时追求的目标。

在放置物件时，需要加上一点注意力，以便确定物件应该放置的地方（如图 6－24 所示）。进行这类放置动作时，时间值为 2MOD。

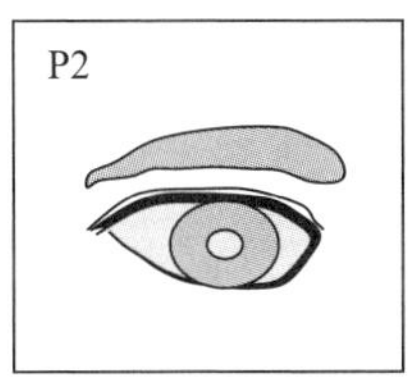

图 6－24 较复杂的放置 P2（注）

如将螺帽放到螺栓上，将笔套入笔筒里，将茶杯盖盖上。

注：放置动作中，如果放置的深度在 2.5 厘米以内（如套笔盖），则按放置动作来考虑。如果深度在 2.5 厘

米以上的（如套笔芯），2.5 厘米以外的部分按移动动作来处理。

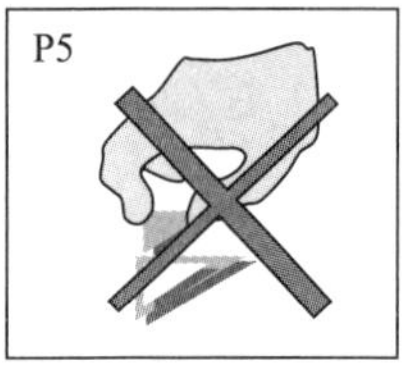

图 6－25　需要注意力的复杂的放置动作（组装动作）P5（注）

P5 动作主要是要将物件正确地放到指定的位置上或进行配合的动作（如图 6－25 所示），只有一点点的注意力是没办法完成的，比 P2 更复杂。从开始到结束，都要求眼睛集中注意力。因此每一个 P5 动作需要时间 5MOD，是放置动作中耗时最多的动作。

如，将导线焊接在电路板的某一个点上；将电子元件插入电路板的指定孔穴里；穿针线；轴与轴套的配合。

放置动作 P 中，没有 P1、P3、P4，最大只有 P5，时间值只有 0MOD、2MOD 和 5MOD。所以我们在设定作业的时候，应该取消或尽可能地减少 P5 的发生。

11 种基本动作中，M1、M2、M3、M4、M5、G0、G1、P0 是不需要注意力的动作，而 G3、P2、P5 是需要注意力的动作。

实施移动动作，必然有一个目的，目的的背后就是实施终结动作。因此，移动动作和终结动作一定是成对出现的。这就是在解释为什么我们要把手伸出去，伸手的目的就是去触摸、抓取某物件或放置某物件。

例如，伸手去取台面上的钢笔。

动作分析：

（1）伸手动作为移动动作 M3。

（2）手到达后开始抓取钢笔，抓取动作为 G1。

所以伸手抓取钢笔的基本动作是移动动作和终结动作的抓取动作，表达式记作：M3G1，时间值记作：M3G1＝4MOD。

十、反射动作

反射动作又称特殊的移动动作。动作中不是每次都需要特别的注意力，或者需要保持特别的动作意识，这类重复动作在作业过程中会反复出现，如鼓掌、用锉刀锉物、用锯子锯物、用铁锤锤钉子等动作。

反射动作一般比较快，使用的工具和身体部位不变，消耗的时间值为正常动作的 70%。所以在计算反射动作时，时间值参考下列规定：

（1）手指的往复动作 M1，每一个单程动作为 1MOD/2。

（2）手腕的往复动作 M2，每一个单程动作为 1MOD。

（3）手小臂的往复动作 M3，每一个单程动作为 2MOD。

（4）手上臂的往复动作 M4，每一个单程动作为 3MOD。

（5）肩膀的移动动作 M5，在实际中一般没法做到往复动作，就算有也需要做动作改进，所以反射动作的最大时间值为 3MOD。

反射动作和一般的移动动作不同，不和终结动作成对出现，所以又称为特殊的移动动作。

十一、同时动作

用身体的不同部位同时进行相同或不同的两个或两个以上的动作，称为同时动作。

同时动作可以提高作业效率，在实际作业中出现最多的同时动作是两手同时动作。但只有在某些情况下，才能实施两手作业。

（1）当两手的终结动作都是不太需要注意力、能独立操作的情况。如左手拿螺丝，右手拿螺丝刀，两只手的终结动作都是 G1，都是不太需要注意力的动作，可以实施两手同时作业。

（2）当一只手的终结动作不需要注意力而另外一只手的终结动作需要注意力的时候，也可以实施两手同时作业。如左手拿桌面上的齿轮（G1），右手拿平躺着的垫片（G3）。

如果两手的终结动作都需要注意力的时候，是不可能同时进行操作的。

关于两手同时动作的时间值计算：

（1）两手同时动作的时间值按动作时间较大的那一个动作时间值，不是两手动作的各个动作时间值之和。时间值较大的那个动作称为时限动作。

如右手取齿轮 M4G1，左手抓零件 M3G1，两手同时动作的最终时间值为 M4G1 计 5MOD。右手取齿轮的动作为时限动作，左手的动作称为被时限动作，用（被时限动作）表示，括号中的动作不会影响动作时间值分析结果。

（2）两手的终结动作都需要注意力的时候。如左手 M3G3，右手 M4G3。

动作的前半部分为移动动作，不需要注意力，两手可以同时伸出。

当左手伸到目标位置时，开始进行 G3 动作，此时右手不能同时进行另外的 G3 动作，手放在旁边等待。

等左手 G3 完成之后，右手稍微移动一下 M2，再进行抓取 G3 动作。

所以动作分析结果为：M3G3 + M2G3 = M3G3M2G3 = 11MOD

注：如果该作业是右手先动作的话，则 M4G3M2G3 = 12MOD。

由此可见，即使是同样的作业，两手的先后不同，也可能影响作业的时间值。一般情况下，我们的动作都是左手先作业，在作业设置时可加以考虑动作的编排。

两手同时动作（左手先作业）的分析案例如表 6 - 5 所示，分析要点：

（1）先确定两手是否可以进行同时动作，如果可以，则判断哪个是时限动作。

表 6 - 5　两手同时动作（左手先作业）的分析案例

序号	左手	右手	MODAPTS 分析	MOD 值（MOD）
1	M4G3M4P2	M4G1M3P0	M4G3M4P2	13
2	M2G1M3P2	M4G1M3P0	M4G1M3P2	10
3	M3G1M3P2	M4G1M4P2	M4G1M3P2M2P2	14
4	M3G3M4P5	M4G3M3P5	M3G3M2G3M4P5M2P5	27

（2）如果两手动作都需要注意力，那决定哪只手先动作，另外的一只手等先动作的手作业结束后，再稍微移动 M2 动作，进行余下的终结动作。

例如表 6 - 5 中序号 3 动作，左手 M3G1，右手 M4G1，两手的终结动作都是不需要注意力的，可以同时作业，时限动作为 M4G1，时间值为 5MOD。

再看左手的 M3P2，右手的 M4P2，两手的终结动作都需要注意力，左手先动作 M3P2，右手再动作 M2P2，计 9MOD，所以总的时间值为 5MOD + 9MOD = 14MOD。

③

身体及其他动作

在这一节里，我们主要学习基本动作以外的身体及其他动作。除了前面学习的11个基本动作以外，还有10个身体及其他动作。

这10个动作多数都比较费时且是独立作业，是属于比较特别但在我们实际工作中又经常出现的。这类动作在作业设置的时候应该尽可能避免。在这一章里，通过对这些动作的学习，帮助我们最大限度地减少这些动作带来的副作用。

一、重量L1

在搬运物件时，物件的重量会影响动作的速度。重量不同，时间值也有所变化。重量影响时间的考虑原则有以下3条。

（一）负重修正的规则

（1）有效重量小于2kg时，重量因素不用考虑。

（2）有效重量为2～6kg时，重量因数为L1，时间值为1MOD。

（3）有效重量为6～10kg时，重量因数为L1×2，时间值为2MOD。

（4）有效重量大于10kg时，每增加4kg，时间值增加1MOD。

（二）有效重量的规则

（1）单手负重时，有效重量等于物件的实际重量。

（2）双手同时负重时，有效重量等于实际重量的1/2。

（3）在平面上以滑动的形式来运送物件时，有效重量为实际重量的1/3。

（4）将物件放在带有滚轴的传送道上运送时，有效重量为实际重量的1/10。

（5）两人用手搬送同一物件时，不论单手还是双手，有效重量都等于实际重量的 1/2。

（6）物件的重量因数在搬运过程中，只有在物件放置时计算一次。在抓取物件、移动物件、放置过程等状态下不用计算重量因数，且不考虑搬运距离长短的影响。

二、目视确认动作 E2（独）

当要看清某一个目标时，我们需要完成两个动作：第一将眼睛移动至目标物；第二眼睛到达目标物后，调节眼睛的视角（焦距）以便看清目标物。这两个动作记号都用 E2 来表示，每个动作的时间值都为 2MOD。

注意，眼睛是重要的感觉器官，对人的动作起到导向作用。手在移动时，一般都要瞬间看一下目标物的位置，以便控制动作的速度和方向。对于这种眼睛的目视确认动作，一般都在动作开始之前或动作进行之中完成，而不需要特别有意识地使用眼睛的动作，所以在动作分析时不用计算时间。如读文件，看仪表刻度的位置，看波形，看安全规格读数等。

一般作业中，独立使用眼睛的次数不多。在生产线组装工序或包装工序中，进行包含某种检查因数的作业，一般都是在其他动作进行的同时完成检查动作。所以在计算、使用 E2 的时候要特别注意观察，不要误用。

人的眼睛不可能在很广阔的范围里看清所有目标物，一般存在一个可以看得非常清楚的范围，这个范围称为人的正常视野。在正常视野内，眼睛的移动不用给时间值。但是，在正常视野内要看清目标物，需要做出调整焦距的动作，调焦动作时间值为 E2（2MOD），因为这个时候眼睛视线虽然在正常视野内，但移动视线的同时没法调整眼睛的焦点。

正常视野的范围约为 30°或 20 厘米，在这个范围内，眼睛移动不用计算时间。超过这个范围，以 30°为单位，每单位需要补给 E2 的时间值，尾数按 1 单位计算。例如眼睛移动 110°，移动眼睛时间值为 E2（30°）+E2（30°）+E2（30°）+E2（20°）=8MOD。

注：眼睛移动的同时，对眼球和头部的转动动作不做分析。

三、校正（调整）动作 R2

在多数情况下，用手抓取物件的方向都不是我们最终要使用的方向。为了能最后顺利完成动作，我们经常要对抓取物的方向进行变更（旋转、调换先后顺序等动作）。这种变更方向的动作就是 R2，每进行一次需要时间 2MOD。

如拿到钢笔后调整笔尖的方向以便书写；拿二极管元件后，要根据插孔正负极的要求调整方向；在拿起电池后调整方向，按正负极规定安装电池。

这些动作在抓取动作 G 之后，跟随一个校正（调整）动作 R2。在某些时候，操作熟练者为了缩短动作时间，在进行前一个动作时，已经使用身体的其他部位着手下一个动作的准备，这样的校正动作不需要时间。

如用 M4 的动作抓物件，然后移动到身前。在移动的过程中，校正动作最容易成为移动过程中实施的动作（改变物件的方向或位置）。这种情况，校正动作不记时间值，只算移动时间值。

四、脚踏板动作 F3

脚踏板动作是指脚部的足腕动作，每动作一次用 F3 表示，时间值为 3MOD。脚踏板动作必须是脚跟不离地（或脚跟支撑物）的动作，如果脚跟离地则按步行动作来计算。另外，F3 是单程动作，根据足腕活动的次数来计算 F3 动作次数。如踩汽车的离合器、油门，踏缝纫踏板，踩升降机或冲床的开关按键等。

五、单纯的判断和反应动作 D3（独）

动作与动作之间出现的瞬时判断，用 D3 表示，时间值为 3MOD。例如，读取电流表刻度数值在需要使用 E2 的同时，还要判断数值是否正常，这个判断动作就用 D3 表示。

D3 适用于其他一切动作暂时停止（间歇）场合下的判断和反应。与其他动作同时进行的判断动作 D3 不算时间值。如在检查产品是否合格时，只有当判断出次品时，才给予 D3 时间值。

六、按下动作 A4（独）

作业中需要用力来推、拉以克服阻力的动作，用 A4 表示，时间值 4MOD。A4 动作一般发生在推、拉动作结束之后。在实施动作时身体出现用力的现象，如按图钉，用力拉断电源线，关紧各种阀门……

A4 动作是独立动作。只有施加的压力在 2kg 以上且其他动作都停止的时候，才算 A4 时间值。

在施加压力的同时伴有少许的移动，对此移动动作不做分析。

七、旋转动作 C4

使物件做圆周运动的动作用 C4 表示，时间值为 4MOD。旋转动作主要是手或手臂的动作，以手腕或肘关节为轴心，旋转一周，如搅匀杯中的液体，摇车床的把手。

注：旋转在 1/2 周以上的为旋转动作，不足 1/2 周的算移动动作。当旋转动作带有 2kg 以上的负荷时，负荷值大小不同，相对应的时间值也不同。此时，时间值按有效时间计算。

八、步行动作 W5

使身体移动或回转的动作，用 W5 表示，每一步时间值为 5MOD。

这类动作体现在以脚为支撑的身体运动。如果步行到最后一步是拖上来的，则最后一步不计时间。如果最后一步要求立正，则这一步也算 W5。

注：

（1）如果步行去取物品，在最后几步，手开始伸出做拿物前的移动动作，此时手的移动动作只计 M2 的时间。

（2）在一些特殊的场合，伸手取物品需要将手横向移动。为保持身体平衡，有时脚步也会横向打开，此时的时间值算手臂动作的时间值，不分析 W5 动作。

九、弯腰动作 B17（往）

从站立的状态弯下（蹲下）身子，单脚跪地，然后回复站立状态的一个往复过程，用 B17 表示，时间值为 17MOD。

进行 B17 动作的时候，手的移动动作为 M2。

如果带有负荷，则加上重量因素的时间。

B17 动作如果是双脚跪地，时间值要根据实际情况来测定。

十、坐下站起动作 S30（往）

这个动作包含了站立后将椅子向后推的动作，时间值为 30MOD。

十一、动作分析时使用的其他符号

（1）延时 BD。表示只有一只手在动作，另外一只手空闲。BD 不计算时间值。

（2）保持 H。用手拿着物件保持一直不动的状态。有时为了防止物件掉落而采用固定的工具也表示为 H。H 不计算时间值。

（3）有效时间 UT。指人的动作之外的机械或其他所有的加工时间。有效时间通常要用计时仪表来测定，如自动滴胶机的滴胶时间、焊接时间等。

在实际作业中，BD 和 H 出现的情况越少越好。另外，充分利用有效时间来进行其他作业，是我们在作业改善中的重点。

第七章
流水线平衡度分析

❶ 作业指导书与工序分割

一、作业指导书

作业指导书是在生产过程中指导员工作业的标准书，要求员工依照标准书进行作业。

作业标准是为保证达到产品的规定质量，并在一定标准工时范围内完成作业的标准作业方法。它重点叙述确保品质的过程与方法，并运用各种方法达到预期的效果。

一般来说作业标准包含作业品质标准、制作技术标准、作业顺序及其方法，即作业手段的标准、检查方法、判定基准、设备参数设定基准、包装样式和方法。甚至零件出库方法、成品入库方法、物料配送方法、不良品修理方法等，均是企业作业标准涵盖的内容。国内企业通常谈到的产品工艺化，简单地讲，也就是实现批量生产的作业标准化。

作业指导书的内容包括作业顺序、作业内容、作业方法、作业重点、使用的工装夹具和消耗品、品质标准、各动作要素所需的标准时间等。一般情况下会有编制者、编制日期、各方面负责人等记录，如有重新修订，还必须做好修订记录，以方便以后对作业情况的查考。为了方便查阅、修订及更新，保证有效性，还需要对作业指导书实行有效文书管理（在此不多叙述）。

作业指导书编制方式一般有两种：

（1）在生产线生产产量稳定、节拍一定的情况下，将每个工序的作业内容用作业指导书的形式固定下来，一个工作岗位一张作业指导书，如表 7－1 所示。

表 7-1　总装作业指导书

总装作业指导书

作业范围	从：
	到：

批准		审核		编制	
编制/最新修订日期：					

作业示意图	顺序	操作内容	ST	设备	要点
	1	吊装右侧板	15		
	2	吊装左侧板	13		
	3	装支撑板	3		
	4	调整校直	5		

基准型号	适用型号	生产工段	管理顺序号	质量检查		节拍	ST	作业者
							36 分	

（2）如果是特别复杂的工序，企业还可以为工序内每个独立的作业单元编制一张作业指导书，如表 7－2 所示。

表 7－2　组装作业指导书

版本 ①	组装作业指导书				PAGE 1180－00
安装重合传感器	作业顺序	部品番号、名称、作业重点	作业	AU	治工具、计测器、消耗品
10172 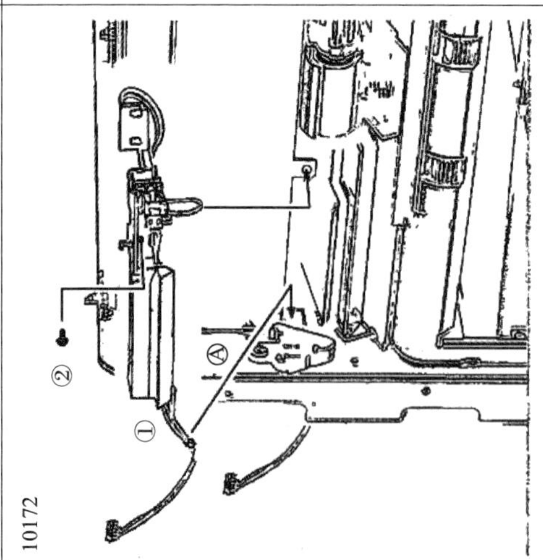	①	A1905344 ×1 重合传感器		9	
	②	04513006 ×1 自攻螺丝 3×6		10	ED:0.9～1.0Nm
		×			
		×			
		×	ST6.3		
机种　A190. A219. A289　　略号　－00. 14. 24					

修改日	修改记录	作成	承认
	△		
2000. 2. 17	△根据 K/F－ST－00006 顺序书指示番号变更		
2000. 1. 3	△根据 K/F－ST－99128 指示除－00 机种外，取消 A245. A219	担当者	制造部 GL
99. 7. 10	△根据 K/F－ST－99068 顺序书指示番号变更	担当者	制造部 GL

K/F	构体组装	172.0

作成日	IE	作成	检查者	承包者
98. 06. 01	IE 担当者	张金燕	制造部班长	制造部 GL

此类作业指导书以动作要素为单位。在进行流水线平衡时，作业要素容易分割、组合，使用起来较灵活，而第一种作业指导书的制作方法是将每一个工序的作业要素写在一张作业标准书上。当生产线的产能有变而导致作业者的工作内容变动时，作业指导书就得重新制作。此类作业标准书适用于流水线产能较固定，变动不大的作业现场，但是在要求产品多品种小批量的今天，显然因缺乏灵活性而不太适用。

作业指导书一般是在新产品试生产初期作为一种规定作业员作业指导方法而制订。它对作业的指导具有重要的现实意义，也是产品在批量生产时设定节拍和分割作业的依据。

二、生产节拍

节拍（Cycle time）是指连续完成相同的两个产品（或两次服务，或两批产品）之间的间隔时间。换句话说，即指完成一个产品所需的平均时间。

节拍通常只适用于定义一个流程中某一具体工序或环节。如果产品必须成批制作，则节拍指两批产品之间的间隔时间。在流程设计中，如果预先规定了一个流程每天（或其他单位时间段）必须的产出，首先需要考虑流程的节拍。各工序的时间长短不同，但是决定生产线作业周期的时间只有一个，即最长工序的作业时间（Pitch time），也就是说 Pitch time 等于 Cycle Time 各工序。

Cycle Time（CT）= Pitch time = 日工作总时间/日产量

如某生产线的设定日产能为 600 台，日工作时间为 8 小时，那我们就可以算该生产线的节拍：

CT = 8 × 60 × 60/600 = 48 秒

即该生产线的生产周期为 48 秒，也就是说该生产线每隔 48 秒产出一台成品。

三、如何进行工序分割

算出节拍后，才可以以此为依据进行工序分割。制造企业的流水线多半是在进行细分之后，多工序流水化连续作业生产线。它要求对工艺流程较复杂的产品进行分工作业，既可简化作业，又提高了作业效率。这样我们就必须根据作业顺序对工艺流程进行分割，使每个工序的作业平均化。

在新产品批量生产初期，依据日产量算出的节拍对工序进行分割，以达到流水线平衡。

作业分割的原则：

（1）每个工序的作业时间不超过设定节拍。

（2）不破坏工序的完整性。

（3）依照工序的作业流程。

（4）流水线平衡度不低于 90%。

❷ 生产线平衡及其评价方法

在生产线工序分割完成以后，就应该对生产线的平衡状况进行评价，以便我们及时掌握生产线的动态，了解生产线各工序的作业负荷是否均衡。

一、生产线平衡的概念

流水线的作业方法对作业人员的要求不是很高，并且容易实现批量生产。自从福特汽车公司在生产中发现了流水线作业以后，流水线作业便在制造型企业内被广泛应用。这样一来，上下流动作业工序之间存在供应关系，这就要求各工序之间均衡，而生产线是不可能自动达到平衡状态的。

因此便要求对生产的全部工序进行平均化，调整作业负荷，以使各作业时间尽可能相近的技术手段与方法，即生产线平衡管理方法。它是生产流程设计及作业标准中最重要的方法。

二、为什么要进行生产线平衡管理

在新产品量产初期，以设定标准时间为分割的依据。在作业分工的过程中，它要求作业负荷均衡，否则便会因作业不均衡而产生作业损失，并且会造成大量的堆积，即呆滞品发生，严重的还有可能造成停产。这就要求我们对生产线平衡引起足够的重视，以达到以下目的：

（1）缩短各工序间的作业准备时间，提高作业员及设备工装的工作效率。

（2）缩短每一个工序的作业时间，提高单位时间的产量。

（3）削除生产线中的瓶颈、阻滞、不均等现象，改善生产线的平衡，减少工序的在制品。

（4）对产品的工艺流程进行重排，以符合新的作业流程。

（5）在平衡的生产线基础上实现单元生产，提高生产应变能力，对应市场变化，实现柔性生产系统。

（6）通过平衡生产线可以综合应用程序分析、动作分析、规划分析、搬运分析、时间分析等 IE 手法，提高全员综合素质。

三、生产线平衡管理表的编制

在了解生产线平衡管理表编制之前我们先了解一组相关定义：

（1）瓶颈（Bottle neck）

大家知道瓶子的瓶口大小决定着液体从中流出的速度，生产运作过程也是一样。在生产运作流程中制约整个流程产出速度的环节我们也称之为瓶颈。在流水线的作业流程中，生产节拍最慢的环节我们称之为瓶颈。

流程中存在的瓶颈不仅限制了一个流程的产出速度，而且影响了其他环节生产能力的发挥。更广义地讲，所谓瓶颈是指整个流程中制约产出的各种因素，如人、原材料、设备、信息、方法等与生产有关的都有可能成为瓶颈。

瓶颈还有可能“漂移”，取决于在特定时间段内生产的产品或使用的人力和设备。因此在流程设计中和日后的日常生产运作中，都需要对瓶颈有足够的重视。

（2）空闲时间（idle time）

与节拍和瓶颈相关联的另一个概念是流程中的空闲时间。它是指工作时间内没有执行有效工作任务的那段时间，可以指设备或人的时间。当一个流程中各个工序的节拍不一致时，瓶颈工序以外的其他工序就会产生空闲时间。

（3）生产线工序平衡

即对生产的全部工序进行平均化，调整各作业负荷，以使各作业时间尽可能相近，是生产流程设计与作业标准化必须考虑的最重要问题。生产线工艺平衡的目的是通过平衡生产线使生产现场更加容易理解“一个流”的必要性及“小单元生产”的编制方法，是一切新理论新方法的基础。

生产线平衡，通常用比较直观的对比图来表达，即平衡图。纵坐标代表时间，横坐标则是按生产流动的顺序将各工序依次列出，一般以柱形图的方式将工序时间标出。图 7－1 是某生产线的平衡图。

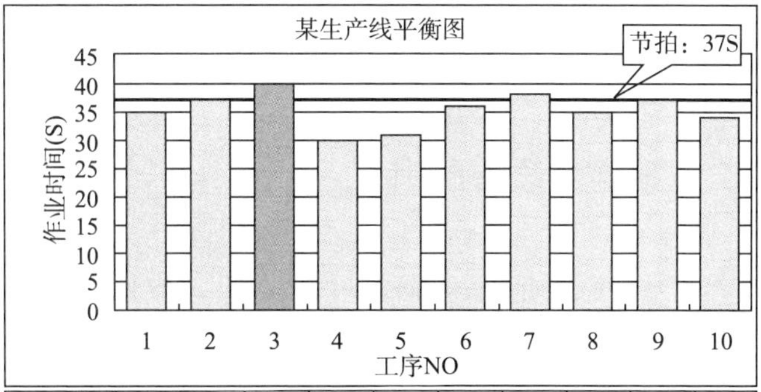

工序NO	1	2	3	4	5	6	7	8	9	10
时间(S)	35	37	40	30	31	36	38	35	37	34
人数	1	1	1	1	1	1	1	1	1	1

图 7－1　某生产线的平衡图

由图 7－1 可以看出，某生产线的节拍是 37 秒，并且各工序的作业时间是不等的。工序 3 和工序 7 超过了节拍时间并制约着整条生产线的产能，为瓶颈工位。生产线不平衡直接导致生产效率低下、设备利用率不高、在制品过多并且生产现场混乱，这就需要对生产各工序进行平衡。

我们知道很多装配行业的生产线大多是细分之后的多工序流水化连续作业生产线，此时由于分工作业，简化了作业难度，容易提高作业熟练度，从而提高了作业效率。

然而经过这样的作业细分之后，各工序的现实作业时间与理论作业时间不完全相同，这就势必存在因工序之间作业时间不一致出现瓶颈的现象。生产线的瓶颈工序会随着作业人员的作业熟练程度的提高、作业方法的改变、作业流程的重排等发生“漂移”。因此即使此前能非常平衡地作业，也会变得不平衡。

所以，我们需要采取一定的措施对原有的生产线进行重新平衡，对各工序的作业时间平均化，将生产线内的作业进行重新分割，使每个工序的作业尽可能平均化，同时对作业进行标准化，以使生产线能顺畅活动。

简而言之，即使是针对特定生产线的平衡度管理和改善，也必须贯穿在该生产线的日常管理工作中。世界上不可能存在完成一次平衡度改善后，就不需要进行再改善的生产线。

通常情况，即使没有产能与节拍的调整，也需要定期（一般每月）对各工序进行实际测定，编制出新的生产线平衡管理表，以观察平衡度是否出现变化，找出新的问题并进行改善。

四、生产线平衡度改善原则

平衡度改善的基本原则是通过调整工序的作业内容使各工序作业时间接近或减少偏差。实施时可遵循以下方法：

（1）首先应考虑对瓶颈工序进行作业改善。作业改善的方法，可参照程序分析的改善方法、动作分析、工装自动化等 IE 方法与手段。这样就需要对作业人员进行教育培训，让他们掌握和执行新的作业方法。

（2）将瓶颈工序的作业内容分给其他工序。

（3）增加作业员。只要平衡度提高了，人均产量就提高了，单位产品成本也随之下降。

（4）合并相关工序，重新排布生产工序。相对来讲这个方法在作业内容较多的情况下容易提升平衡度。

（5）分解作业时间较短的工序，把该工序安排到其他工序当中去。

五、生产平衡度的计算

通过各种手段使生产线达到一定平衡度后，就得对生产线平衡状态用指标进行评价。这就要求设定一个定量值，即生产线平衡度或平衡损失率，一般生产线的平衡度必须在 90% 以上。

（1）生产线平衡度。

生产线的平衡度计算公式：

$$\text{生产线平衡度}(\%)=\frac{\text{各工序时间合计}}{\text{瓶颈工序时间}\times\text{总工位数量}}\times 100\%$$

由公式我们可以看出流水线平衡度有两种：

第一，IE 部门设定的平衡度，称为设定平衡度。一般在新产品量产初期，对流水线设定平衡度，此时使用标准时间来计算。

第二，作业者实际达到的平衡度，称为实测平衡度；所使用的作业时间为实测时间。实测时间是员工的实际工作能力的反映，直接真实地反映着流水线的生产状况，与设定的标准时间有很大的区别。

在实际的作业分割过程中，生产节拍与实际设定工序的最大值不一样，因为作业分割的时间会受作业要素的影响。在实际工作中有些作业要素不容易被分割，因此它在实际工作中可能影响生产线的平衡度。

（2）生产线的平衡损失率计算公式。

平衡损失率 = 1 - 平衡度

生产线平衡损失率其实是由生产线平衡度衍生而来的。它们衡量的是同一个问题，只是分析的角度不同而已。从损失角度来讲，平衡损失率也代表生产线人员投入浪费的比例。

（3）员工作业效率的评价。

员工作业效率计算公式：

$$\text{作业效率}(\%) = \frac{\text{标准作业时间}}{\text{实测作业时间}} \times 100\%$$

员工效率的评价是生产管理不可或缺的一部分，可以用在对员工工序作业安排、绩效考核、员工激励等多个方面。

标准作业时间是按照正常的作业速度设定的，但在我们的实际工作中，每个员工的作业能力是不一样的。因此同一作业内容，可能有的人会很快地完成任务，有的人却不能在规定的时间内完成。

虽然从训练角度讲，理应思考如何快速培训员工达到作业效率 100% 的方法，但员工之间的作业效率差异也会表现在物质奖励及员工年度考核上，这样也会更大程度上提高作业者的积极性。

第八章
设备效率与快速换模

1 什么是快速换模法

一、快速换模的定义

生产同步化的理想状态是工件在各工序间一个一个生产、一个一个往下一道工序传递，直至总装线，即单件生产、单件流动。工厂中有各种各样的工序，为了实现全部生产过程的同步化，需要根据这些工序的特点，使批量尽量缩小，朝理想的“1 个流”靠拢。但这样一来，作业切换就会变得很频繁。

因此，缩短作业切换时间就成了实现生产同步化的关键问题，尤其是缩短瓶颈工序设备的作业切换时间。在世界优秀企业中，这种快速切换的方法被称之为 SMED（Single Minute Exchange of Die），通常我们称为快速换模。

二、破除“经济批量神话”——SMED

(1) 快速换模：适应多品种、小批量生产方式的利器

多品种、小批量是 21 世纪企业必须面对的市场和客户需求特点。在以前大批量生产模式下，虽然每次切换浪费的时间以“小时”甚至“天”来计算，但由于品种切换率很小，由其造成的时间、产能损失比例非常小，自然得不到管理者们的重视，更加谈不上对其实施专项改善了。

现在，无论是为满足客户和市场的自发需求，企业扩大销售市场而主动细分产品系列，还是管理水平低下的企业在同领域竞争中被动细分产品系列，最终的结果是制造端（设计、工艺、生产）必须能够提供多样化的产品，所以系列增多、细分品种增多、零件种类增多等不可避免。高附加值的产品则往往是小批量的。

以前某台设备一天需要完成 1000 个某类零件的加工任务，只需要进行 1

次换模，而现在则需要进行 5 次以上的换模。如果以前每次换模花费 1 小时，则 1 小时的换模时间只占一天生产时间的 1/24，而现在仅换模一项导致的停机时间多达 5/24，约 20% 的产能将被损耗掉。这是企业管理者不能接受的。

可是，如果要立即更新设备、更改工艺、修改设计甚至减少产品系列节约换模时间，显然是不现实的。所以在企业内现有的设备、管理条件下，通过自主改善，实现快速换模，节约时间，提升产能，是目前大多数制造企业应对多品种、小批量生产方式的有力手段。

（2）快速换模：减少中间在制品、增加现金流量的有效方法

对于制造企业而言，现金只有进入流转，才有获取利润的机会。而大批量地加工零件，甚至大量地提前数天、数月加工出零件，然后堆放在现场和库房，不但占用场地和空间，导致工厂物流不畅，寻找零件困难，而且占用大量周转资金，还要企业为人力和能源消耗等提前支付资金。

通过快速换模，企业可以减少中间在制品和占用空间，增加现金流量，从而形成顺畅的现金流。

（3）快速换模：减少计件体制下员工随意挑单现象的必要手段

众多国内企业由于没有精准的标准时间管理体系，而普遍采用计件体制计算人力成本。以前一天只需要切换一次型号进行生产，员工就可以获得相应工资，而现在需要切换 5 次，导致员工少 20% 的产量，这时他还会按照既定的加工批次顺序进行生产吗？显然不会。

员工一定会先加工批量大的和易于加工的零件，而不是按照计划排定的顺序进行；或者在一天内，白班员工首先挑批量大的零件来生产以获得较高的计件工资，而将小批量加工计划留给晚班，导致各类零件由于没有配套加工而无法按时进行总装，最终无法按原计划实现出货，企业得不偿失。

这种为了获得高计件工资而随意“挑单”的现象，是目前令很多制造企业头痛的问题。所以，通过实现快速换模，降低多次切换的时间损耗风险，是减少企业计件体制下员工随意挑单现象的必要手段。

（4）快速换模：打破“经济批量”的神话

1970 年，日本丰田终于实现了将 800 吨冲床的换模时间缩短到了 3 分钟。新乡重夫有言：“快速换模不是技巧问题，而是思想问题。”

研究制造企业管理的学者们都曾推崇过所谓计算加工“经济批量”的理

论。我们来看表 8－1。

表 8－1　经济批量与快速换模

换模时间（分钟）	批量	CT（分钟）	总生产时间（分钟）	单件时间（分钟）
240	100	1	340	3.4
240	1000	1	1240	1.24
3	100	1	103	1.03
3	1000	1	1003	1.003

当换模时间为 240 分钟时，加工批量 100 件与加工批量 1000 件所需单件工时分别为 3.4 分和 1.24 分，两者差异将近 3 倍。

而当换模时间从 240 分钟降至 3 分钟时，加工批量 100 件与加工批量 1000 件所需单件工时分别为 1.03 分和 1.003 分。两者之间的差异微小到完全可以忽略不计。

如果实现快速换模，传统方式下的所谓加工“经济批量”将变得毫无意义。因此，面对多品种、小批量需求的当今制造企业，只有抛弃追求所谓“经济批量”的观念，才能真正主动适应市场变化。

快速切换的理念可以贯穿到企业运作的各方面，本章主要针对设备加工过程中的快速换模方法进行阐述。

②

快速换模法的基本要求

一、设备效率评价指标

要对设备进行快速换模改善，则需要了解采用哪些管理指标对设备效率进行管理。在此主要介绍以下设备效率评价指标：

（一）设备停机时间

无论是换模、品质问题，还是设备故障、缺料等因素，只要导致设备出现停机，都会降低设备产能，影响既定生产计划的完成。那么，该如何管理设备停机时间呢?

（1）区分停机原因类型，主要有换模、调试、检查待判定、缺料、无生产计划、设备故障、停机保养、模具修理、加工质量问题、作业异常、批量返工、早晚令、设备预热、其他原因等。

（2）采用设备运行记录表，对主要设备每天如实记录各类停线时间和原因类型，如图 8 –1 所示。

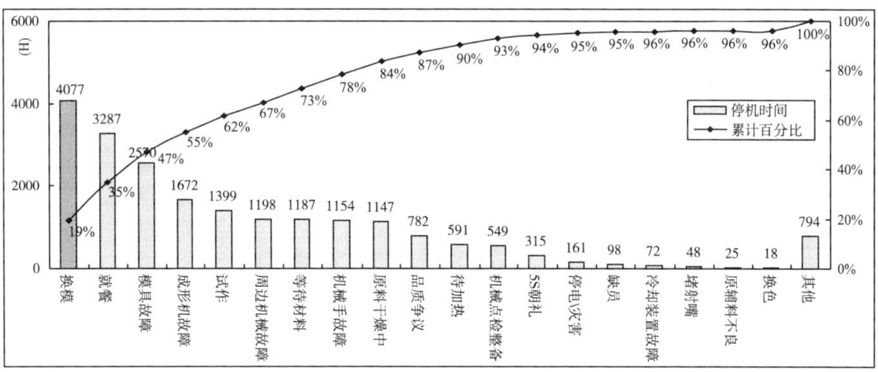

图 8 –1　设备运行记录表

（3）定期统计设备停机时间，进行分析，确定改善重点。统计方法参照表 8 –2。

表 8－2　设备运行记录表

设备运行记录表

设备名称：__________　设备编号：__________　　日期：　年　月　日

班次	生产批号	产品生产情况		设备停机记录				录者	备注
		产品型号及规格	产量	停机开始—恢复开机	时间（分）	原因分类	详细原因描述		
				:—:					
				:—:					
				:—:					
				:—:					
				:—:					
				:—:					
				:—:					
				:—:					
				:—:					
				:—:					
				:—:					
				:—:					
				:—:					
				:—:					
				:—:					
				:—:					
				:—:					
				:—:					
				:—:					
				:—:					
				:—:					
				:—:					
				:—:					
				:—:					
				:—:					
				:—:					
总计				合计					

原因分类： 1. 换模；2. 调试；3. 检查待判定；4. 缺料；5. 无生产计划；6. 设备故障；7. 设备保养；8. 模具修理；9. 质量问题；10. 作业异常；11. 批量返工；12. 早晚令；13. 设备预热；14. 其他原因。

（二）设备综合效率（OEE）

（1）OEE 的计算公式

$$设备综合效率 = \frac{稼动时间}{负荷时间} \times \frac{理论\ CT \times 生产数量}{稼动时间} \times \frac{良品数量}{生产数量} \times 100\%$$

$$= \frac{理论\ CT \times 良品数量}{负荷时间} \times 100\%$$

与 OEE 计算有关的指标定义（负荷时间、稼动时间等），读者可参照 3A 书系其他著作，在此不做详细阐述。

（2）通过管理设备综合效率，我们可以从生产计划安排、出勤时间内的工作安排、开动设备后的加工、换模、设备加工品质水平等方面综合衡量设备的效率。如何计算 OEE 呢？以下案例供读者参考，如图8－2所示。

×月×日 加工日报	A 零件	理论 CT：2 分

作业时间：580 分		
负荷时间：500 分	80 分	公司教育：60 分，缺料：20 分
稼动时间：440 分	60 分	故障：30 分，换模：30 分

生产数量：200 个，良品数量：190 个

· 时间稼动率 $= \frac{稼动时间}{负荷时间} \times 100 = \frac{440\ 分}{500\ 分} \times 100\% = 88.0\%$

· 性能稼动率 $= \frac{理论\ CT \times 生产数量}{稼动时间} \times 100 = \frac{2\ 分 \times 200\ 个}{440\ 分} \times 100\% = 90.9\%$

· 良品率 $= \frac{良品数量}{生产数量} \times 100 = \frac{190\ 个}{200\ 个} \times 100\% = 95.0\%$

· 设备综合效率 = 时间稼动率 × 性能稼动率 × 良品率

$= 0.88 \times 0.909 \times 0.95 \times 100\%$

$= 75.99\%$

图 8－2　计算 OEE 案例

二、快速换模的基本概念

（1）换模时间的定义

从完成上一个型号最后一件合格产品到生产出下一个型号第一件合格品所花费的时间。

（2）换模时间类别，如图 8－3 所示。

图 8-3　换模时间类别

内部切换时间是必须停机才能进行操作的作业切换时间，以及为保证品质所进行的调整、检查等所需的时间，如图 8-4 所示。

外部切换时间，是即使不停机也可进行的作业切换时间，如模具、工夹具的准备、整理时间等，如图 8-5 所示。

图 8-4　内部切换时间

图 8-5　外部切换时间

三、实现快速换模的基本原则

（一）标准换模过程

标准换模过程具体如图 8-6 所示。

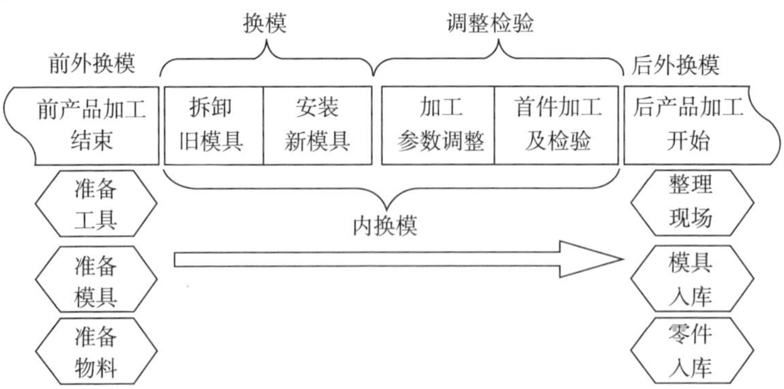

图 8-6　标准换模过程

（二）实施快速换模的基本原则

要成功实现快速换模，达到大幅度降低换模时间，建立符合标准换模过程的规范，则必须坚守如下原则：

（1）必须针对现场实施彻底的5S改善

在大多数设备加工现场，物料、零件、工具、辅料等放置状态没有办法达到快速取放、一目了然，还有不少设备（即使是新购买不久的设备）布满灰尘和油污，使加工的行程、参数调整无法操作。如果不对现场实施彻底的5S改善，实施快速换模的各项方法就无从谈起。另外，通过5S规范操作者，使其对每一个工作细节都达到“三定三要素”的要求并执行，有利于员工养成按标准操作的习惯。

（2）正确区分内部切换时间和外部切换时间

“不得不停机”进行操作是内部切换的本质，所以在对现状换模进行分析时，必须把握这点。否则，分析结果将会导致很多本应判定为外部切换的作业内容被判定为内部切换而失去改善机会。

许多现场管理者由于对切换作业缺乏正确的认识，因而对内部切换与外部切换的区别也就茫然不知。

在切换作业中，研讨哪些是外部切换，哪些是内部切换十分重要。由于传统的切换，没有内外部切换分离的观念，所以往往将外部切换也在机器停顿的状况下进行，如此一来，就变成了内部切换，使得切换时间拖得很长。

（3）认识到内部切换也可转化为外部切换

在当前条件下，可能是内部切换，但通过工具、夹具、设备机构、设备周边体系的技术改善等，内部切换也有可能转化为外部切换。

（4）内部切换时间也有可能被降低

改善内部切换时间是很多改善人员想方设法去回避的问题，但通过优化操作动作顺序和一些技术改善，也有可能被降低。

③ 快速换模法改善的实施步骤

快速换模的主要着眼点是要减少切换时生产停顿的时间。此种停顿的时间愈短愈好，至于切换时所耗用的人工时间是否能够减少，就不是主要的重点。当然如果切换的人工时间也能够减少，那最好了。

为了减少切换时间，一定要依据下列的步骤，循序渐进、按部就班来进行，否则，即使进行了不少的改善，效果也未必很好。

一、对现状“换模作业”进行分解

现今，数码影像设备的应用非常广泛，也不会花费太多资金。在快速换模改善中，广泛应用摄像方法。特别是现状分析阶段，可以拍下整个换模周期内所有操作的动作内容，然后对照录像一一分解动作。

当然，开展改善前，选定典型零件也是必须的（选定方法参照 VSM 分析）。在分析现状时把握以下要点：

（1）从开始停机到下一批产品第一个零件开始生产，都有哪些具体操作内容和动作，是谁在操作？各消耗了多少时间？

（2）哪项操作消耗时间多？哪项操作消耗时间最多？

（3）使用《换模作业分析记录表》，进行作业分解，如表 8 -3 所示。

表 8 -3 换模作业分析记录表

编号	切换作业项目	作业具体内容	时间（秒）	作业分类	
1	停机	操作电脑	8	内	
2	拆水管	切除水管接头（4 条）	94	内	可改善
3	拆侧模风管	拆除风管接头	146	内	可改善
4	合模	将上、下、侧模合起来	24	内	可改善

续表

编号	切换作业项目	作业具体内容	时间（秒）	作业分类	
5	拆下模座螺丝	将螺丝松开（4 个）	52	内	可改善
		清理石棉	20	外	
		找工具	4	外	
6	安装连接杆	安装连接杆	39	内	可改善
		调节压紧	92	内	可改善
		搬动风机（吹人）	12	外	
7	提起模具	将整套模具提起	122	内	
8	叉车接模具	对准下模基准	37	内	可改善
		松开上模锁紧条（2 人）	54	内	可改善
		机架上移	22	内	
		叉走模具	40	内	
9	等待新模具		145	内	可改善
10	清理机架	移出保温炉	60	内	
		操作工找工具	33	外	
		清理升液管	84	内	
11	换中间管	制作石棉垫	312	外	
12	更换水管	更换 2 条水管	76	内	可改善
		移回保温炉	49	内	
13	叉车将模具对位	叉车等待	445	内	可改善
		叉车对位	74	内	可改善
		上锁紧条	60	内	可改善
14	提起模具	将模具提起	28	内	
15	接水管	连接下模水管 2 条	124	内	可改善
		清理机架	16	外	
16	试水管	试水管操作电脑	34	外	
		水管裂、拆下水管 找水管	35 132	外 外	
		接水管	38	外	
		继续试水管	24	外	
17	中间管放石棉垫	将石棉垫放置在中间管	3	内	可改善

在进行记录与分析时，注意以下问题：

（1）每次进行切换作业时，所花时间都有不小差异。

（2）切换作业的方法或顺序是否因人而异、因心情而异。

（3）是否有较多卸螺丝、拧螺栓的作业。

（4）这项调整工作是否只有 1 个人（极个别人）能做。

二、区分外部作业与内部作业

改善开始就要将整个切换作业，详细分出内部作业与外部作业。在进行切换作业中，因没有工具或螺帽不合适而去寻找等现象在许多企业中频频发生，既影响作业者本人的工作情绪，且在第三者看来，时间上的浪费惊人。许多两分钟浪费的累积，导致整个过程中的浪费很大。

以下列出了区分内部切换和外部切换需要考虑的重点事项。

（1）应该事先准备或确认的工作是什么？

第一，必要的工装夹具。

第二，计测器、模具的放置场所。

第三，必要的零部件种类、数量等。

（2）按照三不原则确认以上内容的操作过程。

第一，不寻找（物品、工具、零件）。

第二，不移动（设定放置台、放置场所，不需二次移动）。

第三，不乱用、误用（不使用标准以外的工具）。

（3）分析作业的有效性、某些作业排除的可能性。

（4）分析作业方法的有效性。

第一，现作业方法是否适当。

第二，变动因素是否较少。

第三，作业上有无困难。

第四，改善的要点是什么。

第五，作业方法是否统一。

第六，作业要点是什么。

(5) 分析作业顺序。

第一，设定外部作业名及顺序。

第二，设定内部作业名及顺序。

第三，现作业顺序是否良好。

第四，顺序变换的必要性。

第五，实施并行作业的状况如何。

(6) 分析多人同时换模的作业分工。

第一，作业范围的分担。

第二，人员的配备。

有效地实施以上的事项，有可能缩短30%～50%的切换时间。通过明确内外作业，确定各作业顺序能够获得意想不到的效果。

彻底地实施以上内容，作业的变动时间也会缩小，无论是谁都能在一定时间内进行切换。此外，能够把握设备、工装夹具、方法上的问题点，为进一步缩短切换时间明确了改善方向。

三、内部时间变为外部时间

在明确内部作业、外部作业之后，接下来的改善重点就是要将内部作业设法转移为外部作业，以减少内部作业的时间，这也就相当于减少切换时间。

例如，有些模具有必须调整行程的内部作业，我们可以利用垫片或块规使模具高度标准化，如此就可以免去行程调整的内部作业，而转移到高度设定标准化的外部作业上去了。有些模具必须先从高温降到常温之后才能开始卸模，等装上新模之后，又必须等待升温直到工作温度时才能开始生产，这种降温、升温的动作经常要耗费数小时。事实上，我们可以通过加装隔热装置使其在高温时也能卸下。新模装上之前，就可以在线外预先加热到工作温度，只要一装上模具，就可立即生产了。

以下是内部作业外部化的一些方法。

(1) 成套安装。使用多种零件时，不要一个一个地安装，要尽可能地事前组装，再成套地进行安装或交换。

(2) 工装夹具、计测器共通化与“一触即可”。比较制品工装夹具的形状，尝试部分共通化，并且思考切换时“一触即可”的方法。

（3）排除调整，使内部作业的调整向外部作业转移。

（4）使用特殊工装，在做刃具交换时，每次都要进行定心调整。不要将刃具直接安装在刃具座上，而是安装在事先标准化的高精度特殊工装上，再将特殊工装安装在刃具座上，如此可以安心作业。

四、缩短内部时间

改善的第四个步骤就是针对内部作业的动作本身进行改善，尝试用简单的方式来缩短内部作业时间。这一阶段的改善虽然有一定的难度，但通过工装夹具的部分共通化实现切换时的“一触即可”，安装及固定方法的改善，排除调整作业等方式，仍然可以大幅度缩短内部切换时间。为了打开改善思路，改善者应该带着以下疑问去寻找改善思路，而不要认为不可能：

（1）是否还有紧固螺丝的作业，只要一圈就可以了吗？

（2）能否采用不用螺丝的插入方式和固定方式？

（3）能否废除调试作业，需要创造哪些条件来实现？

（4）能否将前后作业改为并行作业？

为缩短内部切换时间，可参照以下改善法则来确定改善思路：

（1）平行作业

所谓平行作业就是指二人或二人以上共同进行切换动作。平行作业最容易立刻获得缩短内部作业时间的效果。由一个人进行需耗时一小时才能完成的切换作业，若能由两个人共同进行，也许会在二十分钟或四十分钟就能完成。那么整个切换时间就由原来的一小时减为二十分钟至四十分钟。

所以，虽然在平行作业中因切换所需的人工时间会增多（也可能不变甚至减少），但这不是平行作业所考虑的重点。因为，缩短切换时间所获得的其他效果远大于人工成本的部分，此点是容易被忽视的部分。在进行平行作业时，对二人之间的配合应进行充分分析，使二人动作熟练，减少相互之间的干扰，特别要注意安全，不可因为疏忽而造成意外伤害。

（2）手动，脚勿动

脚不动的换模动作主要是依赖双手的动作来完成，要尽可能减少脚移动、走动的机会。所以切换时使用到的工具、模具、清洁器材等都必须放在专用的台车上，并且要有顺序地整理好，减少寻找的时间。模具或切换物品进出的线路也必须设计成容易进出的方式，切换动作的顺序要合理化及标准化。

图 8－7　手动脚不动换模法

（3）使用专用的工装具

所谓工具就是一般用途的器具，而专用工装具则是为专门用途而特制的器具，就像魔术师表演所用的扑克牌一样是特殊的。如果到文具店买一般的扑克牌，那么魔术师要变出一些奇妙的魔术恐怕就不可能了。魔术师所用的器具就称为专用工装具，而不是工具。

切换动作要尽可能使用专用工装具。因为专用工装具是有针对性设计而成的，可提高切换的效率，缩短切换的时间。此外，测定的器具也要专用化，用块规等方式来替代用量尺或仪表读取或测定数值。当然同时要设法减少使用专用工装具的种类，以减少找寻和取放专用工装具的时间。

（4）与螺丝不共戴天

在固定模具的零件中螺丝是最常见的。使用螺丝当然有其必要性，但是螺丝的松紧动作所耗费的时间通常占了切换时间不小的一部分。如果仔细观察，可以发现，我们滥用螺丝的地方真是太多了。例如，用四个螺丝就够的地方却用了六个。紧螺丝的圈数太多，也耗费时间。想一想，螺丝真正发挥上紧功能的只是在最后一圈。前面几圈的旋转动作只是为了要进位到最后一圈而已。因松紧螺丝太耗时间，消除使用螺丝的固定方式就成了改善的最佳对策。要树立视螺丝为“不共戴天之仇，必去之而后快”的意识。例如，可用插销、压杆、夹具、卡式插座、轴式凸轮锁定、定位板等来取代使用螺丝固定。

（5）不要取下螺栓、螺丝

在某些仍然要使用螺栓、螺丝的场合，也要设法努力减少上紧及取下的时间。要以能做到不取下螺栓、螺丝而又能达到锁定的功能为改善目标，主要的方法可用只旋转一次即可上紧或松开的方式。

例如在图 8－8 中，C 字形开口垫圈可垫在螺帽下，只需将螺帽旋转放松一圈之后，即可将 C 型垫圈从开口处取下，达到完全松开的目的。上紧时反向行之，只需旋转一圈就可达到拧紧的目的。

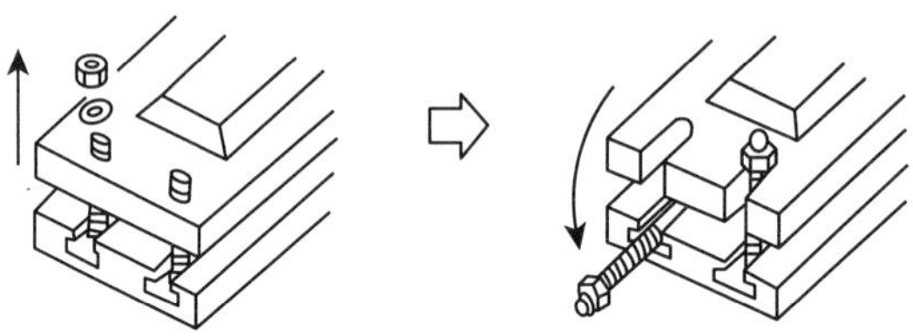

图 8－8　螺丝垫圈改善

此外，葫芦孔的方式也可达成此目的，如图 8－9 所示。

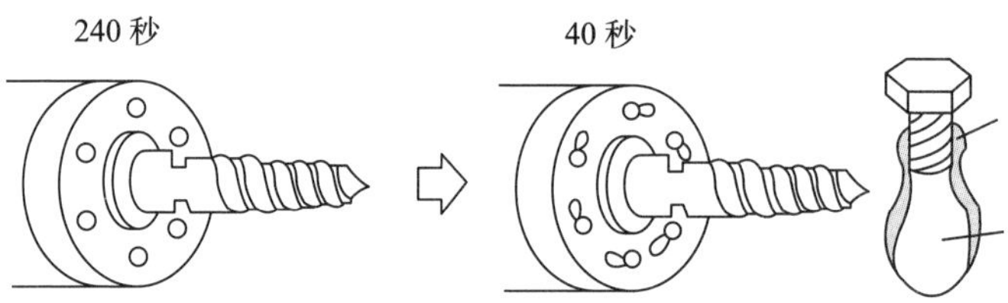

图 8－9　葫芦孔方法

此外就是使锁紧的部位高度固定化。过高的锁紧部位要削低至标准高度；过低的锁紧部位可加上垫块以达到标准的高度。每个模具锁紧部位的高度都标准化之后，那么螺帽的上紧部位也不会改变，如此可减少锁紧放松的旋转次数，当然也就减少了切换时间。

（6）基准不要变动

切换作业是因产品不同而必须切换不同模具或工作条件造成的。因此也必须做调整的动作，设定新的基准。调整动作通常需要花费整个切换时间的 50%～70%，而且调整的时间长短变化很大。顺利时，一下就调整好了，反之，需花费数十分钟，甚至数小时也不足为奇。

对于调整的作业，首先要有“调整也是一种浪费，不是必要动作”的想法，要以排除调整动作为改善的目标。

要排除调整的浪费，在方法上要掌握基准不动的法则，换句话说，在机器上已经设定好的基准，不要因为切换模具，而又变动基准。

有以下做法可供参考：

第一，不要拆卸整个模具。如保留模座，只切换模穴的母子式构造可以消除模具的设定动作；也可采用双组式的方式来做切换作业，即一组正在加工中，另外一组备材已设定好了，切换时只需旋转过来即可达到切换的目的。

第二，模具的高度标准化。模具的高度标准化，可以节省调整冲程作业的时间。

第三，使用样板。当注塑机必须根据所使用的模具，调整设定数个不同冲程或条件时，可设定一个样板，套上去用手一拨即可全部一起设定好。

第四，取消刻度式或仪表式的读取数值方式。要取消使用刻度式或仪表式的读取数值方式，尽量改用块规等容易取放设定的方式减少调整的时间，进而缩短切换时间。

（7）设置换模专用台车

设置换模专用台车，将所需模具、专用工装具及相关器材全部放在台车上，以减少个别寻找及搬运的时间。模具的摆放场所也要明确化，通过编号、目视管理等方式做到（图 8－10）一目了然。

图 8－10　换模专用台车

把需要使用的工具和材料按照使用顺序预先准备妥当。器具、仪器、专用工装具的储存不要依功能类别放置，而以产品别或模具别放置于专用箱子或架子上，最好是成组化。使用查核表（图 8－11 所示）点检所需器材是否齐全。

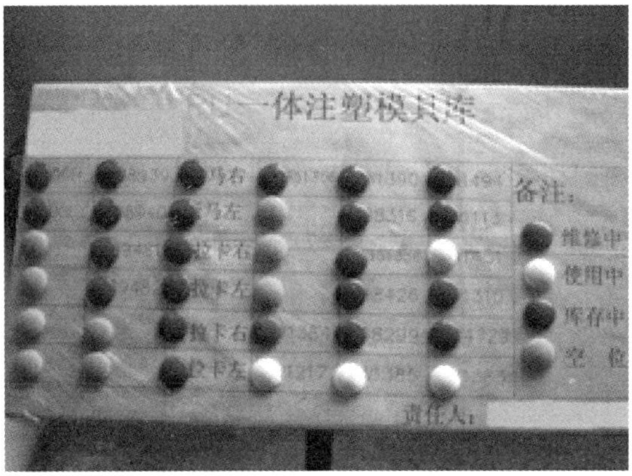

图 8－11　一体注塑模具库表

下面的工作场景一定是所有换模人员希望实现的：

设备正在加工零部件 A，接着要加工零部件 B。在加工零部件 A 时，就可为加工零部件 B 做准备。将加工零部件 B 所需的工装夹具、模具和机器附件准备好，按使用顺序在一定位置摆放整齐。就像外科医生做手术前一样，做好一切准备工作。当设备加工完零部件 A，马上就可以拆卸加工零部件 A 所需的工装夹具、模具，换上加工零部件 B 所需的相应装备。

（8）能简则简

只要能完成既定的加工任务，机器越简单越好。复杂的机器不仅价格昂贵，而且由于组成元件多，可靠性也低。很多普通设备和工艺装备，经过改造是可以缩短调整准备时间的。

（9）标准化

由于外部作业没有准备齐全，在内部作业时，找不到所需要的专用工装具或者模具错误、不良等，就必须临时停下来寻找或修整模具，造成内部作业时间变长。因此，也要对外部作业进行改善，实施标准化，制订切换作业标准（如表 8－4 所示）。

表 8－4　切换作业标准

<table>
<tr><td rowspan="3">作业改善标准</td><td>快速换模技术与作业标准</td><td colspan="2">文件编号</td><td>×××××××××××</td></tr>
<tr><td rowspan="2">模具吊环安装干涉对应方法</td><td>版本</td><td>版次</td><td>受控状态</td></tr>
<tr><td>A</td><td>0</td><td>（参考使用）</td></tr>
</table>

针对现状量产使用的模具，在模具吊运作业前，安装吊环发生运水嘴、管以及行位退出弹簧干涉吊环（顶针板强制复位杆避免设计参见标准××－××－××－××××××）的现象，特提出新模具在生产准备时按下述推荐解决方案进行对应。

1. 图一案例：

在定模（A 板）和动模（B 板）上 A、B 吊环安装孔，运水嘴干涉吊环的安装可能，可将吊环安装孔变更在 A1、A2、B1、B2 位置。

2. 图二案例：

在发生吊环安装干涉的情况下，可参照图一制作“加长螺栓”，将“加长螺栓”固定在模具的吊环孔上，再将吊环安装在“加长螺栓”上。

3. 图三案例在模具中心吊环孔与运水、行位弹簧干涉的情况，可加工图三部品，安装在模具上，吊运时采用该部品的吊环孔。

4. 其他对应策略

在新模具准备时，绝对不允许吊环安装时与运水、行位弹簧发生干涉，有干涉发生时，应在准备发生时予以应对。

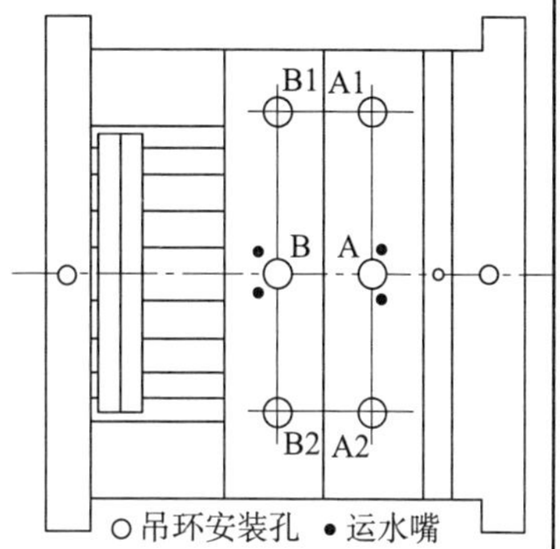

图一

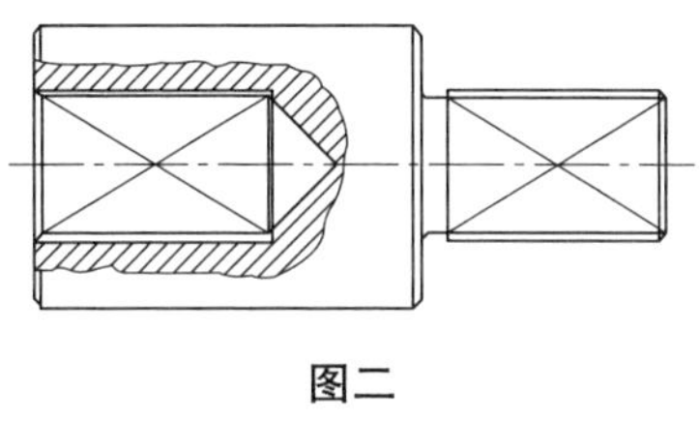

图二

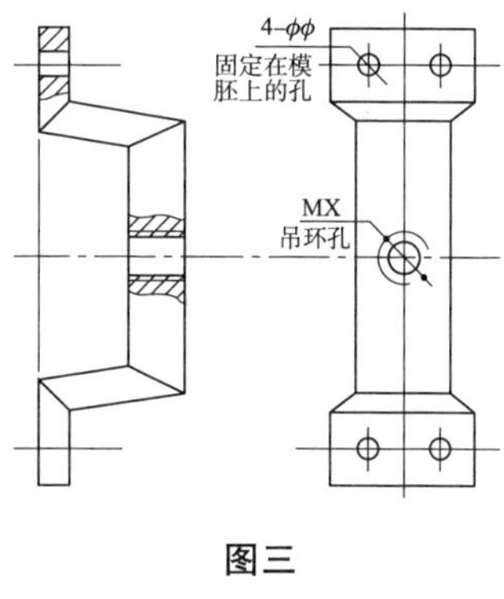

图三

（干涉的定义是不解除水嘴、弹簧等，吊环不能全部安装到位）

2003－8－18	新方法首次标准化	×	×	×
改订日期	改订内容	编制	审查	批准

批准	审查	提案
×××	×××	×××

按照标准的作业切换方法反复训练作业人员，以逐步加快作业速度。应该像训练消防队员那样训练工人，使他们能够在一个工件加工完之后，像扑灭火灾那样迅速动作，在极短的时间内完成调整准备工作。此外，平常的清扫、整理、整顿的工作必须做好，这些都有助于做好外部作业的准备工作。

根据以上法则，按步骤一步一步实施，其可预料的效果是十分惊人的。笔者在日本研修的某跨国公司看到，其大型装置生产线上的整体作业切换时间从 2 小时缩短到 1 分半钟，由此带来的生产率提升是十分可观的。

缩短作业切换时间所带来的生产批量的缩小，不仅可以使工序间的在制品储存量减小，生产周期缩短，而且对降低资金占用率，节省保管空间，降低成本，减少不良品都有很大的作用。

如上所述，达到这样的目的并不一定必须引进最先进的高性能设备或花费大量的资金，而只要在作业现场动脑筋想办法，下功夫就可能实现。而且这些具体做法也并不是精益生产方式的首创，而是历来的生产管理学早就总结过的一些方法。所以，要使生产线具有能够实现精益生产的高度柔性，并不一定主要取决于类似 FMS 那样的高性能设备，而首先应致力于作业水平的改善。虽然能实现柔性生产，但设备费用也随之增高的话，几乎是没有任何意义的，这也是精益生产方式的重要思想之一。

在汽车生产中，需大量的冲压件。冲压件的加工需要在压力机上配备重达数吨的模具，而要压制不同的零件需要不同的模具。实施精益生产方式前，美国企业模具的切换是由专家来做的，换一次模具常常需要 1～2 天时间。为了提高效率，西方一些汽车制造厂常常配备数百台压力机，以至于数月甚至数年才切换一次模具。这样大量生产冲压件，造成在制品库存非常高。而且，一旦工序失控，会产生大量不良品，造成大量冲压件报废或大量返工。在很多大批量生产的企业，大约有 20% 的生产面积和 25% 的工作时间是用来返修产品的。

为了缩短换模时间，丰田公司花了十多年时间研究出一种快速换模方法。利用滚道送进送出模具，采取一种一般操作工人可迅速掌握的调整办法，使换模时间减为 3 分钟。3 分钟换模使加工不同零件与加工相同零件的时间几乎没有什么差别。于是，可以进行多品种小批量生产。这样做的结果是大大降低了在制品的库存，使加工过程的品质问题可以及时被发现，避免了大批量产生不良品和大量的返修作业。

精细生产突破了“批量小，效率低，成本高”的逻辑，打破了大批量生产中形成的“提高品质则成本升高”的惯例，使成本更低，品质更高，能生产的品种更多。

第九章
IE 改善步骤

❶ 不会改善，就不会管理

一、所谓管理者

在制造企业中，所谓管理者，不仅是指组织结构上的班长、科长、部门负责人、经理等有一定职务的人，也包括在工作单位里能管理人的人，或者教会他人工作的人。

管理者为了全面履行自己的职责，熟知并推进自己所承担的工作，应具备以下五个必要条件。

（一）工作的知识

工作的知识是指每个人为了正确工作所必要了解的知识。例如业务流程、掌握作业标准、所遵循的基准等，为了熟练使用设备、材料、机械器具等所必需的相关技术技能等。即使做一些确定的工作，在技术革新时代，还是需要每天学习新的知识。另外，新工作开始时或做新的产品时，若要熟练工作，也必须学习掌握新工作的知识。

（二）职责知识

作为管理者，要明确自己的责任及权限，为推进工作，必须遵循公司方针，例如，就业规则、作业基准、安全规则、职员体制、业务计划、劳动协约等职责知识。这些职责方面的知识因公司、工作单位的不同而不同，我们在工作范围内，必须遵从并尽到自己的职责。因此，必须充分理解给予自己的责任及所伴随的权力。

（三）改善技能

改善技能指将作业现状详细分解检讨，除去不要的部分，组合必要的部分，形成良好的顺序，能够简单地进行工作，使现有的人力、机械、设备、材料等更进一步发挥有效作用的技能，或者能使作业轻松、安全、省钱、快速的工作技能。这种技能对管理者来说，从解决工作范围的问题以及提高生产的立场来看，都是十分必要的。

（四）教育技能

教育技能指对从业人员进行训练，使其能够掌握良好的工作技能。若掌握这种技能，则能够减少浪费、失败、修正及灾害，减少工具、治具、计测器及设备的损伤或损坏。人无论怎样工作，都要具有相关工作的知识及技能。但是若没有教育技能，就不能将知识和技能很好地传授给他人。

（五）处理人际关系的技能

处理人际关系的技能指为了人与人之间关系和谐，部下能齐心协力努力工作的技能。如果管理者每天使用这种技能，同部下关系和谐，工作场所的人际关系纷争也能防患于未然，或者发生人际纠纷也能妥善处理。这是能尊重个人，把握心态情绪同部下一起愉快工作的技能。

二、不会改善，就不会管理

随着企业发展规模的不断扩大，人员越来越多，产品品种越来越繁杂，管理范围越来越大，管理的复杂程度也不断挑战着管理者的能力极限。当企业发展规模很大时，经营管理者发现随规模扩大，材料费的单位成本在降低，但人工费用并没有下降，相反人浮于事的现象越来越严重。

当今，中国企业在许多领域的竞争已经非常激烈。笔者曾就职于某世界 500 强企业在中国设立的独资公司，同时该企业在中国还有合资工厂与技术合作企业（无股份仅仅提供技术支持，如图纸、工艺流程与零部件）。这些合资工厂与技术合作企业的许多工艺流程、作业规范与其独资公司一模一样。但合资工厂的生产效率只能按独资公司的 65% 来设定，技术合作企业只能按其独资公司的 30% 设定。即使如此，这些企业在实际执行时还需经过很多努力才能实现，而其在硬件上不低于甚至常常高于独资公司。

可能大家会说这些合资工厂与技术合作企业太差了。实则不然，他们在国内企业中都是佼佼者，在当地都是经常被人参观与学习的先进企业。

所以，在急剧变化与进步的环境中，管理者今天最好的工作方法，在明天未必也是最优秀的工作方法。因此管理者不能安于现状，要常怀有疑问，不断地寻求更好的工作方法，从而保证企业存在和发展的原动力。

所谓的改善，不只是关注那些显著的、大规模事物，而是在每天的工作中，努力去发现勉强、等待、不均匀（如图 9－1 所示）的事项，并将其消除，从而达到提高品质、节约经费、缩短时间的目的。

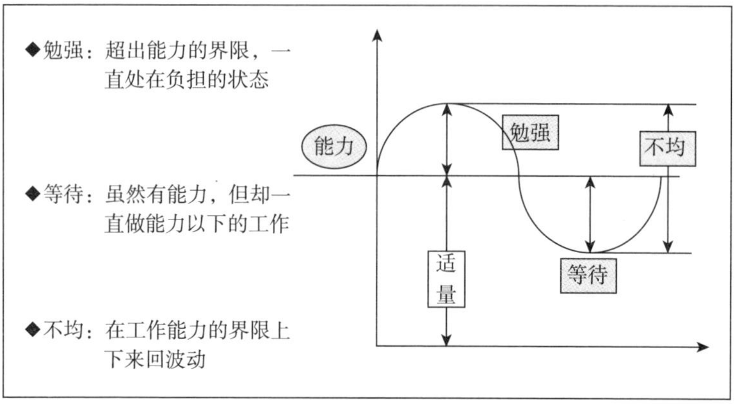

图 9－1　发现需改善事项

在制造企业中，第一线的管理者对本人范围内工作、运行、下属特点及现状必须详尽了解。也只有这样的管理者，才能成为最合适的发现现场问题、推进改善的人。

成事在人，作为管理者，重要责任之一就是亲自带头示范，倾注心血进行作业改善，进一步在所属部门形成自我启发、相互启发进行改善的风气。

竞争的成败取决于“成本低、速度快和质量高”。企业都面临着在有限资源前提下，迅速对客户的需求做出反应，提供高质量的产品和服务的问题，也就是我们所特指的“效率提升”问题。

生产效率包含很多，如投资的回报、物流的效率、人的效率、设备的效率等。本书所述方法在日本、欧美、韩国、中国台湾的企业得到广泛运用，取得了良好效果。在我国本土的一些企业中运用同样取得较好效果，在一年不到的时间里效率提升最少的是 30%，最高的是 80%。

在阐述开展作业效率提升的基本步骤之前，必须要强调一点，所有的改善技法必须建立在“不能安于现状，要常怀有疑问，不断寻求更好的工作方法，企业要营造持续改善的文化氛围上”。

② 基本步骤与实施要点

在制造企业现场实施 IE 改善，“现场、现物、现实”的理念必须贯穿于改善的全过程，所有级别的管理者不可凭想象和所谓经验去轻易判断问题、做出结论和制订标准。

在 IE 工程发展的近 100 年历史中，产生了形形色色的关于 IE 改善的理论、工具、技法等。但笔者认为，抛去繁杂，追其根本，可归纳为 4 步，我们称之为 IE 改善 4 步法。

一、步骤 1：观察现场、解剖流程、分解作业

制造现场的 IE 改善，其本质就是改善包含各类作业的过程。因此 IE 改善的终极目的就是使各流程、各环节中的作业效率得到改善。

所谓的作业效率改善是指在最有效使用现有劳动、机械设备及材料的情况下，短时间内获得优良品质的增产方法。这里所谓的作业改善，不是指进行较大的机械、设备的改善及配量变更，而是运用现有劳力、机械、材料，不去浪费人力资源、材料等，使作业有效经济运行。

鉴于对作业效率改善的定义，即利用现有的资源进行改善，而不是增加很多投入后再进行改善，就必然首先要将现在进行的作业真实状况正确完整地记录下来，抓住相关联的所有事实，这是作业改善的第一步。

如何抓住现在所有作业的真实状况呢？对现状作业进行分解是把握事实最有效、最简单的方法。这就要求参与改善的人员必须深入要改善对象的现场，看真实存在的事物（简称现物），在此基础上的对策才可能是现实可操作、可执行的。作业分解要把握以下的要点：

（1）作业分解的目的何在？

第一，根据作业分解，能够完全正确获取实情。

第二，根据作业分解，能够发现改善的要点及浪费（无价值）、不合理、不均匀和勉强的作业。

第三，根据作业分解的项目明细，能够一个一个按顺序地充分调查问题。

（2）如何将作业分解成项目明细

第一，按作业类别分解作业。作业分解采用的工具可参照本书此前各章节图表范例，在此不再详述。

第二，项目明细分解越详细，问题暴露越容易，也越彻底，改善也更彻底。

项目明细的详尽程度如何把握呢？这一点要根据其目的、作业的内容、范围、类别等，再判断决定为宜。

以笔者在数十家企业咨询的经验，除机械设备作业外，一般的作业常常在 10 秒以内。

例如，某产品的某一个工序作业，有走路去拿物料返回放到超声波熔结设备上，用超声波熔结设备熔结的作业，如表 9－1 所示。

表 9－1　作业分解记录（一）

序号	作业项目明细内容	类别
1	走路到 C5 区去拿上盖与下合后返回	搬送作业
2	将上盖与下合分别放到超声波熔结设备上	手工作业
3	用超声波熔结设备熔结	机械作业

对表 9－1 中作业分解的第一项目的作业明细“走路到 C5 区去拿上盖与下合后返回”，分解就太粗了，用表 9－2 就更合适了。在表 9－2 中将表 9－1 中的 3 个作业项目明细变为 8 个作业项目明细，就可以明显暴露问题。

表 9－2　作业分解记录（二）

序号	作业项目明细内容	类别
1	走路 3 步到 C5 区去拿物料	搬送作业
2	弯腰用右手拿 1 个上盖	手工作业
3	在 C5 区再走一步到下合放置处	搬送作业

续表

序号	作业项目明细内容	类别
4	弯腰用左手拿 1 个下合	手工作业
5	走路 4 步回工序	搬送作业
6	左手将下合放到超声波熔结设备上	手工作业
7	右手将上盖放到超声波熔结设备上	手工作业
8	用超声波熔结设备熔结	机械作业

明确项目明细，描述要具体、简洁，否则下一阶段分析就会变得困难。正确表达与错误表达如表 9－3 所示。

表 9－3　正误表达对比

正确的表达	错误的表达
走路 3 步到 C5 区去拿物料	去拿物料
检查零件外观	检查品质
等 8 秒	等一会儿

（3）**必须在现场记录事实，记录所观察到的作业本身状态与条件等。**过去的情况与想象的事项不得记录在作业分解明细中，想象要靠边站。但是，在记录作业过程中，所有可能的品质问题、效率问题、成本问题、5S 问题等，可以在备注里摘要记录或在另外一份表格中记录。

（4）**每一个工序可以用秒表测量其实际时间值，但作业分解的每个项目明细的时间一般用标准时间（采用 AWF 法估算）。**

每一个工序的时间一般有数十秒到数分钟，用秒表测量较方便。而每个作业分解的项目一般是短短数秒，同时分解的作业项目又是连续的过程，用秒表测量就变成费事、费时的工作。欧美、日资、韩资及台资的大企业在长期生产大量品种时常用录像分析。但当小批量、多品种生产时，对硬件要求高，导致不易广泛快速分析，此时可用标准时间标注每个作业分解的项目时间，如表 9－4 所示。

表 9-4 作业项目明细（三）

序号	作业项目明细内容	类别	ST 时间
1	走路 3 步到 C5 区去拿物料	搬送作业	2.15 秒
2	弯腰用右手拿一个上盖	手工作业	2.43 秒 +0.43 秒
3	在 C5 区再走一步到下合放置处	搬送作业	0.72 秒
4	弯腰用左手拿一个下合	手工作业	2.43 秒 +0.43 秒
5	走路 4 步回工序	搬送作业	2.86 秒
6	左手将下合放到超声波熔结设备上	手工作业	1 秒
7	右手将上盖放到超声波熔结设备上	手工作业	1 秒
8	用超声波熔结设备熔结	机械作业	4 秒（设备时间）
合计本工序标准时间（ST 时间）			17.45 秒
本工序 5 次实测时间平均			24.23 秒
本工序效率（ST 时间/实测时间）			72%

（5）计算作业效率。

作业效率 = ST 时间/实测时间

俗话说：“好的开始是成功的一半。”如果完成作业分解，改善基本达成了一半。但是这种脚踏实地在现场分析自身问题的态度，恰恰是许多企业最缺乏的。许多企业一谈改善，部门主管先说：“我们部门问题不多，我们企业问题主要在……”或者“我们还缺什么什么条件，需要公司在什么什么给我们投入。”

二、步骤 2：遵循 T 型思维寻找问题、追根溯源

为了使改善成功，首先要抱有疑问，与其说这是解决问题所必要的能力，不如说这是改善所必要的态度。在第一阶段不遗漏地抓住现状存在的问题，然后对这些问题从所有角度试着自问：“这些好吗?”“怎么样做更好?”但是，为什么有些人能迅速发现问题，而有些人则对问题视而不见呢？除了积极的态度之外，思考的方法也很重要。

发掘问题的思考过程并非无规律可循。用 4M1E 的广度思维多角度发现问题，用 5W2H 的深度思维挖掘问题根源，是 3A 企管资深顾问在长期管理实

战中寻找问题的有效方法，我们称之为 T 型思维，如图 9－2 所示。

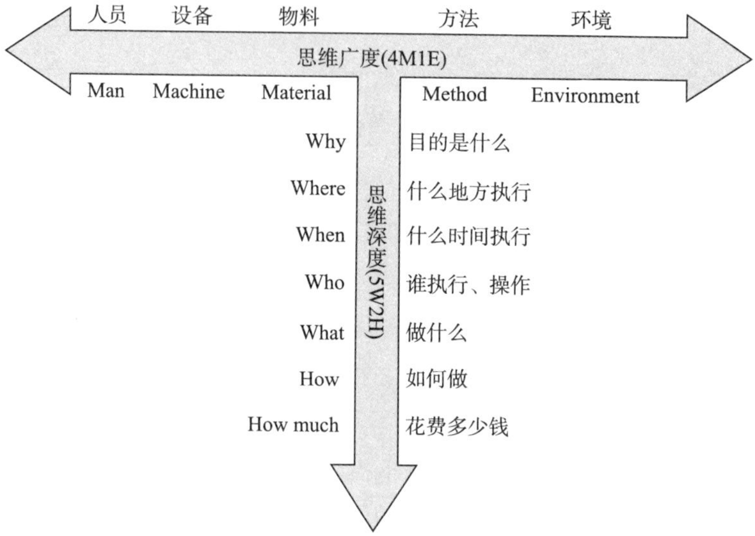

图 9－2　T 型思维

完成作业和流程分解后，需要从 4M1E 的角度全面观察作业明细，确定该步骤存在的问题来源哪个方面。如果掌握问题的角度不准确，则之后的思考和对策就不会有效。

比如，目前国内很多企业在现场基本作业的设备、物料、方法没有明确的情况下，一旦作业中出现问题，或者效率低下，管理者就简单地将问题归结为培训不足、人员素质差等笼统的原因。这种做法对于追求精益生产只会起阻碍作用。

为了有针对性地解决问题，必须将隐藏在 4M1E 中的问题根源发掘出来。而根据 5W2H 来深度发掘问题，思考与提问的步骤很重要。合理的思考顺序如图 9－2 所示。

为什么需要遵循这样的思考顺序呢？其理由在于，若先问什么方法好，然后再思考为什么有必要，如果没必要进行作业明细，先进行的以什么方法为宜的思考时间就浪费了。

通过 5W2H 要想发现问题并有改善的想法，必须要事前进行本书前面所提改善方法和工具的培训。没有音乐素养的人听交响乐，是不会享受到交响乐的美妙的，没有美术素养的人是不懂画的好坏的。这其中知识和技能起着第三只眼的作用。管理者缺乏改善技能，就没有了第三只眼，从现状中不能发现问题与解决问题，更不能创造问题，进行管理创新。

例如，走路 3 步到 C5 区去拿物料，从第一个自问“目的是什么（Why）”来看，拿物料是目的明确的作业，第 2 个自问“在什么地方执行（Where）”来看，走路 3 步没有任何价值，说明物料摆放位置导致浪费。“弯腰用右手拿一个上盖”，弯腰的标准时间 2.43 秒是无价值的工作，只有“右手拿一个上盖”是有价值的动作，其标准时间为 0.43 秒，说明上盖放置方法可以改善。

三、步骤 3：遵循 ECRSC 原则，构筑新方法、新流程

关于 ECRSC 原则，详见表 3－3。在确定新方法、新流程及具体改善项目过程中，对 ECRSC 原则的理解和运用熟练度决定改善方法的准确性和改善效果的显著性。应用 ECRSC 原则时，要把握以下要点：

（1）消除不必要的项目明细（E：Eliminate = 消除）。

消除是在“为什么必要，在什么地方”的自问想法中除去不必要的作业项目明细，通过它能获得很大的改善。改善的效果主要是能够除去人工、机械、材料的浪费。

（2）尽可能合并项目明细（C：Combine = 合并）。

从“什么地方，什么时候，谁来做”的自问想法中，能够将必要的作业项目明细结合。改善的效果主要是能够减少作业间的检查、拿取（搬送）物料、放置作业。

（3）将项目明细以更好的顺序重新编排组合（R：Rearrange = 重排列）。

经过取消、合并后，可再根据“何人”“何处”“何时”三提问进行重排，使其能有最佳的顺序，除去重复，使作业更加有序。改善的效果主要是能够减少材料的取放、工具取放时搬运作业的浪费、复位（归零），以及提高生产平衡度等。

（4）必要的项目明细简单化（S：Simplify = 简单化）。

经过取消、合并、重排后的必要工作，就可考虑能否采用最简单的方法及设备，以节省人力、时间及费用，使作业更加容易、安全而且工作品质更好。

（5）工作中的信息共享（C：Communion = 共享）

作业过程中需要知晓的信息，在一份共用的表单中实现，使简单化后的信息可以共用，避免重复作业，这其实也是标准化的过程。

（6）新方法的展开顺序必须是“消除 E→合并 C→重排列 R→简单化 S”。否则，简单化后，再展开消除等工作就是浪费时间。

（7）在 ECRS 展开过程中要充分利用经济型原则。经济型原则又分为动作经济性原则和流程经济性原则，这些原则在工业工程学中已经总结出很多。

例如，在动作经济性原则中有一条“物料放置点、工具放置点和作业位置点形成三角形，其边长越短，作业时间越短”，这就意味着材料、工具尽可能放在作业点的附近。动作经济性原则中还有一条“仅仅用手臂能达到的范围为作业范围，但利用肘关节即可达到的范围为作业范围，是经济动作范围，”这就意味材料、工具放置使手的移动在 15 厘米左右最经济。

（8）在 ECRSC 展开过程中，为使品质更稳定、效率更高、安全性更可靠，经常需要制作工装夹具。

（9）尽可能将第二步提出的问题通过 ECRSC 展开形成新方法，并将新方法写成改善提案。但是在第二步提出的问题是基于现在的改善技能与其他的制约上，总有一部分不是一次能彻底改善的，所以面对问题必须抱有持续改善的态度。

仍以拿物料为例，经第三步后的 ECRSC 展开过程后，在物料摆放上，追加一些工装后，其新的作业分解如表 9 -5 所示：

表 9 -5　作业项目明细（四）

序号	作业项目明细内容	类别	ST 时间
1	右手拿一个下合	手工作业	0.43 秒
2	左手拿一个上盖	手工作业	0.43 秒
3	右手将下合放到超声波熔结设备上	搬送作业	1 秒
4	左手将上盖放到超声波熔结设备上	手工作业	1 秒
5	用超声波熔结设备熔结	机械作业	4 秒
合计本工序标准时间（ST 时间）			6.86 秒
本工序 5 次实测时间平均			6.5 秒
本工序效率（ST 时间/实测时间）			105.5%

在此例中，改善后标准时间从 17. 45 秒降到 6. 86 秒，减少 60. 7% 。由于利用动作经济性原则，训练员工右手拿一个下合与左手拿一个上盖两手同时动作，导致实测时间小于标准时间。在优秀的外资企业中，实际的情况作业时间低于标准时间的情况经常存在，故其效率会出现大于 100% 的现象。

在这个案例中，改善后实际作业时间 6. 5 秒同改善前的 24. 23 秒相比减少了 73% ，实际效率提高了 73% 。另外在此例中改善前的该工序效率为 72% ，改善后该工序效率为 105. 5% ，都是现状的工序标准时间与现状的实测时间之比。也就是说虽然动作的标准时间是不变的，但是产品实际制造过程中由于工艺流程与布局等的不同，导致制造产品的标准时间不同。

效率改善的实质，不是在肉体上、精神上提高强度与速度，不是通过勉强的动作来提高效率，而是消除无价值浪费、不均匀与不平衡，使作业围绕创造价值，实现经济的、舒适的、安全的作业来提高效率。

例如走一步以 0. 72 秒为标准值，是绝大多数普通人在连续数小时（如 4 小时）都能承受的，同时不会在肉体上、精神上产生不适。而让其走一步路必须用 0. 5 秒，甚至用小跑来提高效率，完全违背了“以人为本”的管理理念，这样的企业就是“血汗工厂”。

我们提高效率时如果走这一步路本身没有价值，那通过改善不让员工走这一步，从而减少 0. 72 秒，然后再安排其从事有价值的工作，只有这样才有可能让普通员工参与到改善中。事实上工业产品企业就是所有部门不断降低成本，不断降低价格，从而在更多大众享用的过程中得到发展的。

四、步骤 4：先行改善、效果评价、水平展开，实现效果放大与倍增

在现场管理中，同一类型问题经常会在多处出现。为了使 IE 工程师们和现场管理者充分利用时间改善发现的问题点，通常我们可以针对同一问题在完成第三步后，选取一处样板，先行实施改善后，对其实施效果评价。如果效果好，再在同类问题的其他点水平展开。

这样可避免盲目全面铺开，一旦对策和方向错误就损失巨大。又可以利用水平展开的机会，带动下属和实施者参与到制订计划和实施改善中来。如果先行的改善方法效果好，其他水平展开的点就相当于复制先行的改善思路。

复制好的改善思路往往能给改善效果（无论是经济效果，还是无形效果）带来成倍的放大和增长。当然复制思路不代表“全盘复制”，也需要根据问题点进行调整。

改善思路水平展开的实施步骤如图 9－3 所示。

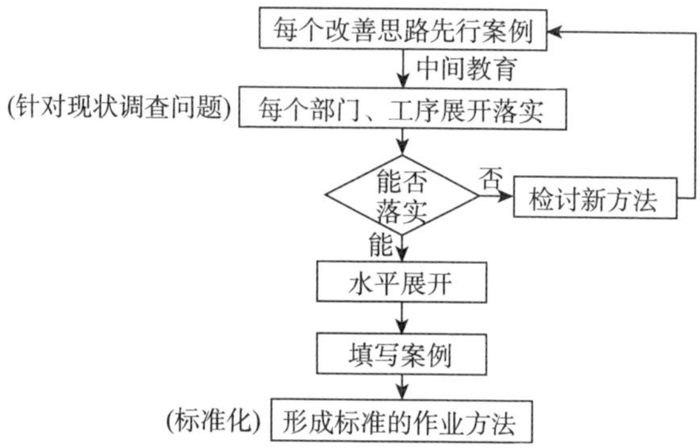

图 9－3 改善思路水平展开图

改善实施与水平展开要把握以下要点：

（1）使上司理解新方法。

（2）使部下理解新方法，并教育作业者。

（3）要征求到安全、品质、产量、价格相关部门负责人的认可。

（4）推进新方法工作，将其标准一直使用到下一次的改善为止。

（5）无论是提案还是报告，要承认他人的努力和功绩。

上述的效率改善 4 步法重点以人的手工作业为例说明，实际上效率还有设备效率、物流的效率及间接部门处理业务的效率等，其分析步骤类似，但在具体技法上有较大的不同，限于篇幅就不再一一讲述。

③ 如何管理 IE 改善

一、企业 IE 管理的组织保证

自泰勒的职能分工理论推行以来，企业内进行专业分工的有利性在不断被强调。应该说，过去的近 100 年里，这个理论对产业的现代化进程是有重大贡献的。但是在生产效率飞速发展、环境急剧变化、竞争日趋激烈的今天，这个理论已经显现出其负面影响。我们坚持认为，以现场为中心的做法，可以把管理人员从现场解放出来，致力于更高层面的工作，促进技术进步。

第二次世界大战之后，IE 等管理技术从美国进入日本，以管理人员为主导的思想也得到了坚持。随着中国改革开放的深入，IE 管理技术已渐渐从大学教科书的理论走向企业实际应用，应该说，早期的改善只是分外的事情，而且也不是企业管理中的一种必需。因此，明确界定改善的责任也就没有必要了。形式上，现场想提案的时候就提案，职员则以职务的形式在得到指令之后才参与改善。除此之外，成为现场管理者的人多数是从职员中提拔的，从一线员工中提拔的并不多。其结果是，这些从职员中提拔起来的现场管理者更愿意向上层管理提出改善的要求，而不是现场的员工。如图 9 - 4 所示，在劳资关系对立条件下的非效率工作已然成为一种走不出的循环。

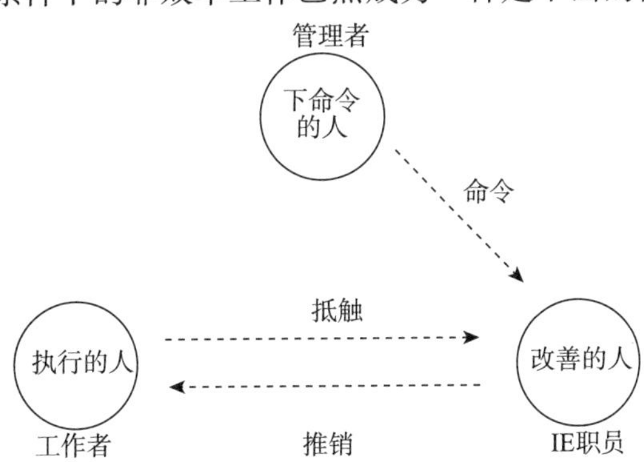

图 9 - 4　关于改善实施责任的古老观念

要打破这种恶性循环，必须把改善责任予以明确，即改善的责任在现场，而不在管理人员身上。换句话说，我们要彻底变换观念，管理人员只有在得到请求的时候才开始工作。直接对现场员工发出工作或改善指令的应该是现场管理者。

从技术层面看，改善是技术职员的领域。但从人的角度看，我们认为现场的改善是现场员工的问题。如图 9 –5 所示，职员的责任就是在现场人员提出援助需求的时候提供帮助，以满足员工的需求。

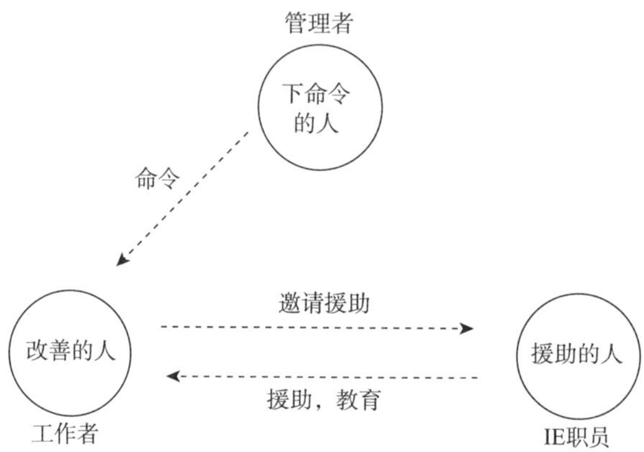

图 9 –5　关于改善实施责任的新观念

其结果我们可以用图 9 –6 来表示，并就职员和员工的理想关系进行定义。上层的生产主管在发挥领导才能的同时，给生产的基层主管施加压力。但是，遗憾的是能够理解提高生产效率重要性的基层主管太少了。

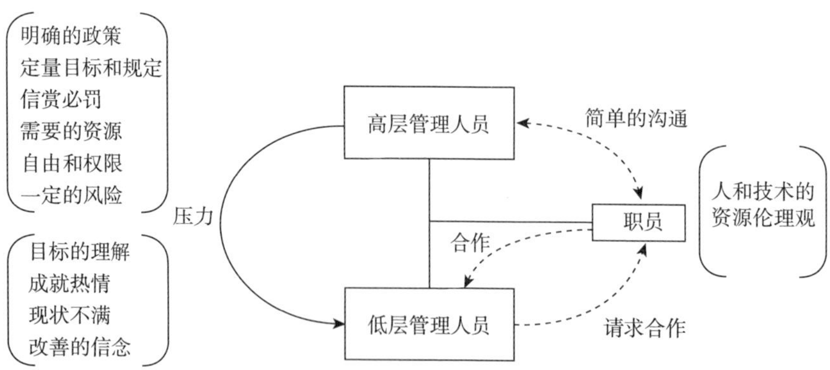

图 9 –6　理想的现场 · 职员关系

二、自主 IE 改善的机制——以现场为中心

当然，以现场为中心进行 IE 改善只有以赞同现场中心主义的人为对象才能进行尝试，关键在于信与不信。

在以现场为中心的改善活动中，现场主管必须下功夫让下属拥有足以应付工作需要的能力，并且在运用这些能力的过程中创造出更多能力上的富余。这是在现场中心型组织中最难办到的一件事。

当现场主管的上司还没有现场中心主义思维的时候，还必须巧妙地隐藏这些富余。聪明的现场主管通常都有意识地这样做，只是公开和不公开而已，可见现场中心主义早已有之。

标准时间管理的根本目的在于，用科学的方法把这些富余除掉。在现场中心主义中，富余被认为是改善的前提条件。因此，用科学的方法除掉富余，就好像摘去进步的小芽。要让下属理解，不要浪费富余（时间和能力），而应运用富余去创造更多的富余。

现场中心主义既重结果，更重视过程。至今为止，人们往往先设定目标，再由目标倒推出必须做的工作，这种做法与现场中心主义是不同的。设立目标固然是必要的，但没有必要细化到每个下属目标的程度。说到底，部门责任者和管理职员能有明确的目标意识就已经足够了。与其让每一个现场人员都拥有目标，还不如让他们每个人拥有一个需要解决的课题，并让他们为之进行有效的活动，则管理者和职员为他们提供充分的援助和支持。

现场中心主义的核心活动是员工的培养。为此，现场主管不仅需要拥有业务知识，还需要拥有进行工作改善的知识。在职员主导型的管理中，改善的责任在职员身上，因此现场主管即使对改善一无所知也无可指责。

在现场中心主义里，现场改善的责任在现场主管身上，现场主管不仅要充分理解改善的积极意义，还必须理解和学会运用改善的程序和方法。除此之外，现场主管还必须对培养下属负责。所以，没有现场和改善经验，只是为了向上爬而在现场主管的位置上逗留的管理人员是做不到这些的。现场主管应该根据改善的经验和实绩进行选拔，而不应该根据他出身于哪所大学，他知道哪些知识进行选拔。

现场中心主义还要求现场主管拥有对人的理解力，重视自主活动，把每一个人作为个性的存在。通过发现和提升每一个人解决问题的能力，提升组织整体解决问题的能力，最终建设有竞争力的组织。

在这里说明一下在解决问题时，我们应拥有哪些方面的能力。

（1）能改善自己周围的事。这一点已经有所普及。IE 的基本手法在现场已得到普及，使用录像分析的方法也普及了。

（2）应有设计信息系统的能力。利用电脑编写简单的程序等对今后的现场来说是必要的，可以一点一点地阶段性去做。这时职员的援助很有作用，至少对电脑不要有恐惧心理才行。

（3）自己能进行生产管理和库存管理。为了做好现场中心型的改善，需要掌握这种能力，需要花费一些时间，总之是能做得到的。

（4）自己能做自己的设备保全和改良。已经有很多企业开始重视这项能力的培养，比如企业全员参与的 TPM 活动。

（5）能提出有关产品设计的改善建议。对每天反复进行生产活动的人来说，没权力给设计者提意见是很可惜的。在形式上能进行设计变更的企业也有，但真正根据现场的意见来设计变更的企业却是凤毛麟角。相信把固有技术易懂地告诉现场员工，现场很多事都能解决，这样也能减少设计者的负担。

1120 本土管理实践与创新论坛

这是由100多位本土管理专家联合创立的企业管理实践学术交流组织，旨在孵化本土管理思想、促进企业管理实践、加强专家间交流与协作。

论坛每年集中力量办好两件大事：第一，"**出一本书**"，汇聚一年的思考和实践，把最原创、最前沿、最实战的内容集结成册，贡献读者；第二，"**办一次会**"，每年11月20日本土管理专家们汇聚一堂，碰撞思想、研讨案例、交流切磋、回馈社会。

论坛理事名单（以年龄为序，以示传承之意）

常务理事：

彭志雄　曾　伟　施　炜　杨　涛　张学军　郭　晓
程绍珊　胡八一　王祥伍　李志华　陈立云　杨永华

理　　事：

卢根鑫　曾令同　宋杼宸　张国祥　刘承元　曹子祥　宋新宇　吴越舟
吴　坚　戴欣明　刘春雄　刘祖轲　段继东　何　慕　秦国伟　贺兵一
张小虎　郭　剑　余晓雷　黄中强　朱玉童　沈　坤　阎立忠　张　进
丁兴良　朱仁健　薛宝峰　史贤龙　卢　强　史幼波　叶敦明　王明胤
陈　明　岑立聪　方　刚　张东利　郭富才　叶　宁　何　屹　沈　奎
王　超　马宝琳　谭长春　夏惊鸣　张　博　李洪道　胡浪球　孙　波
唐江华　刘红明　杨鸿贵　伯建新　高可为　李　蓓　孔祥云　贾同领
罗宏文　史立臣　李政权　余　盛　陈小龙　尚　锋　邢　雷　余伟辉
李小勇　全怀周　沈　拓　徐伟泽　崔自三　王玉荣　蒋　军　侯军伟
黄润霖　金国华　吴　之　葛新红　周　剑　崔海鹏　柏　龑　唐道明
朱志明　曲宗恺　杜　忠　远　鸣　范月明　刘文新　赵晓萌　张　伟
熊亚柱　孙彩军　刘　雷　王庆云　俞士耀　丁　昀　黄　磊　罗晓慧
伏泓霖　梁小平　鄢圣安

推荐作者得新书!

博瑞森征稿启事

亲爱的读者朋友:

感谢您选择了博瑞森图书!希望您手中的这本书能给您带来实实在在的帮助!

博瑞森一直致力于发掘好作者、好内容,希望能把您最需要的思想、方法,一字一句地交到您手中,成为专业知识与管理实践的纽带和桥梁。

但是我们也知道,有很多深入企业一线、经验丰富、乐于分享的优秀专家,或者往来奔波没时间,或者缺少专业的写作指导和便捷的出版途径,只能茫然以待……

还有很多在竞争大潮中坚守的企业,有着异常宝贵的实践经验和独特的闪光点,但缺少专业的记录和整理者,无法让企业的经验和故事被更多的人了解、学习、参考……

这些都太遗憾了!

博瑞森非常希望能将这些埋藏的"宝藏"发掘出来,贡献给广大读者,让更多的人得到帮助。

所以,我们真心地邀请您,我们的老读者,帮助我们一起搜寻:

推荐作者。

可以是您自己或您的朋友,只要对本土管理有实践、有思考;可以是您通过网络、杂志、书籍或其他途径了解的某位专家,不管名气大小,只要他的思想和方法曾让您深受启发。

推荐企业。

可以是您自己所在的企业,或者是您熟悉的某家企业,其创业过程、运营经历、产品研发、机制创新,等等。不论企业大小,只要乐于分享、有值得借鉴书写之处。

总之,好内容就是一切!

博瑞森绝非"自费出书",出版项目费用完全由我们承担。您推荐的作者或企业案例一经采用,我们会立刻向您赠送书币100元,可直接换取任何博瑞森图书的纸质版或电子版。

感谢您对本土管理的支持!感谢您对博瑞森图书的帮助!

推荐邮箱:bookgood@126.com　　推荐手机:13611149991

欢迎登录"博瑞森管理图书网"了解我们!

博瑞森图书

互联网 +

书名．作者		内容/特色	读者价值
互联网 +	**移动互联新玩法：未来商业的格局和趋势** 史贤龙　著	传统商业、电商、移动互联，三个世界并存，这种新格局的玩法一定要懂	看清热点的本质，把握行业先机，一本书搞定移动互联网
	创造增量市场：传统企业互联网转型之道 刘红明　著	传统企业需要用互联网思维去创造增量，而不是用电子商务去转移传统业务的存量	教你怎么在"互联网 +"的海洋中创造实实在在的增量
	画出公司的互联网进化路线图：用互联网思维重塑产品、客户和价值 李　蓓　著	18 个问题帮助企业一步步梳理出互联网转型思路	思路清晰、案例丰富，非常有启发性
	7 个转变，让公司 3 年胜出 李　蓓　著	消费者主权时代，企业该怎么办	这就是互联网思维，老板有能这样想，肯定倒不了
	重生战略：移动互联网和大数据时代的转型法则 沈　拓　著	在移动互联网和大数据时代，传统企业转型如同生命体打算与再造，称之为"重生战略"	帮助企业认清移动互联网环境下的变化和应对之道
	跳出同质思维，从跟随到领先 郭　剑　著	66 个精彩案例剖析，帮助老板突破行业长期思维惯性	做企业竟然有这么多玩法，开眼界
	今后这样做品牌：移动互联时代的品牌营销策略 蒋　军　著	与移动互联紧密结合，告诉你老方法还能不能用，新方法怎么用	今后这样做品牌就对了
	互联网 +"变"与"不变"：本土管理实践与创新论坛集萃．2016 本土管理实践与创新论坛　著	本土管理领域正在产生自己独特的理论和模式，尤其在移动互联时代，有很多新课题需要本土专家们一起研究	帮助读者拓宽眼界、突破思维
	微商生意经：真实再现 33 个成功案例操作全程 伏泓霖　罗晓慧　著	本书为 33 个真实案例，分享案例主人公在做微商过程中的经验教训	案例真实，有借鉴意义

行业类：零售、白酒、食品/快消品、农业、医药、建材家居等

书名．作者		内容/特色	读者价值
零售·超市·餐饮·服装·汽车	**1. 总部有多强大，门店就能走多远** **2. 超市卖场定价策略与品类管理** **3. 连锁零售企业招聘与培训破解之道** **4. 中国首家未来超市：解密安徽乐城** **5. 三四线城市超市如何快速成长：解密甘雨亭** IBMG 国际商业管理集团　著	国内外标杆企业的经验 + 本土实践量化数据 + 操作步骤、方法	通俗易懂，行业经验丰富，宝贵的行业量化数据，关键思路和步骤
	涨价也能卖到翻 村松达夫　【日】	提升客单价的 15 种实用、有效的方法	日本企业在这方面非常值得学习和借鉴
	零售：把客流变成购买力 丁　昀　著	如何通过不断升级产品和体验式服务来经营客流	如何进行体验营销，国外的好经营，这方面有启发
	餐饮企业经营策略第一书 吴　坚　著	分别从产品、顾客、市场、盈利模式等几个方面，对现阶段餐饮企业的发展提出策略和思路	第一本专业的、高端的餐饮企业经营指导书
	赚不赚钱靠店长：从懂管理到会经营 孙彩军　著	通过生动的案例来进行剖析，注重门店管理细节方面的能力提升	帮助终端门店店长在管理门店的过程中实现经营思路的拓展与突破
	汽车配件这样卖：汽车后市场销售秘诀 100 条 俞士耀　著	汽配销售业务员必读，手把手教授最实用的方法，轻松得来好业绩	快速上岗，专业实效，业绩无忧

续表

白酒	变局下的白酒企业重构 杨永华　著	帮助白酒企业从产业视角看清趋势，找准位置，实现弯道超车的书	行业内企业要减少 90%，自己在什么位置，怎么做，都清楚了
	1. 白酒营销的第一本书 2. 白酒经销商的第一本书 唐江华　著	华泽集团湖南开口笑公司品牌部长，擅长酒类新品推广、新市场拓展	扎根一线，实战
	区域型白酒企业营销必胜法则 朱志明　著	为区域型白酒企业提供 35 条必胜法则，在竞争中赢销的葵花宝典	丰富的一线经验和深厚积累，实操实用
	10 步成功运作白酒区域市场 朱志明　著	白酒区域操盘者必备，掌握区域市场运作的战略、战术、兵法	在区域市场的攻伐防守中运筹帷幄，立于不败之地
	酒业转型大时代：微酒精选 2014 - 2015 微酒　主编	本书分为五个部分：当年大事件、那些酒业营销工具、微酒独立策划、业内大调查和十大经典案例	了解行业新动态、新观点，学习营销方法
快消品·食品	乳业营销第一书 侯军伟　著	对区域乳品企业生存发展关键性问题的梳理	唯一的区域乳业营销书，区域乳品企业一定要看
	食用油营销第一书 余　盛　著	10 多年油脂企业工作经验，从行业到具体实操	食用油行业第一书，当之无愧
	中国茶叶营销第一书 柏　龑　著	如何跳出茶行业“大文化小产业”的困境，作者给出了自己的观察和思考	不是传统做茶的思路，而是现在商业做茶的思路
	调味品营销第一书 陈小龙　著	国内唯一一本调味品营销的书	唯一的调味品营销的书，调味品的从业者一定要看
	快消品营销人的第一本书：从入门到精通 刘　雷　伯建新　著	快消行业必读书，从入门到专业	深入细致，易学易懂
	变局下的快消品营销实战策略 杨永华　著	通胀了，成本增加，如何从被动应战变成主动的“系统战”	作者对快消品行业非常熟悉、非常实战
	快消品经销商如何快速做大 杨永华　著	本书完全从实战的角度，评述现象，解析误区，揭示原理，传授方法	为转型期的经销商提供了解决思路，指出了发展方向
	一位销售经理的工作心得 蒋　军　著	一线营销管理人员想提升业绩却无从下手时，可以看看这本书	一线的真实感悟
	快消品营销：一位销售经理的工作心得 2 蒋　军　著	快消品、食品饮料营销的经验之谈，重点图书	来源与实战的精华总结
	快消品营销与渠道管理 谭长春　著	将快消品标杆企业渠道管理的经验和方法分享出来	可口可乐、华润的一些具体的渠道管理经验，实战
	成为优秀的快消品区域经理 伯建新　著	37 个“怎么办”分析区域经理的工作关键点	可以作为区域经理的‘速成催化器’
	销售轨迹：一位快消品营销总监的拼搏之路 秦国伟　著	本书讲述了一个普通销售员打拼成为跨国企业营销总监的真实奋斗历程	激励人心，给广大销售员以力量和鼓舞
	快消老手都在这样做：区域经理操盘锦囊 方刚　著	非常接地气，全是多年沉淀下来的干货，丰富的一线经验和实操方法不可多得	在市场摸爬滚打的“老油条”，那些独家绝招妙招一般你问都是问不来的
农业	农资营销实战全指导 张　博　著	农资如何向“深度营销”转型，从理论到实践进行系统剖析，经验资深	朴实、使用！不可多得的农资营销实战指导
	农产品营销第一书 胡浪球　著	从农业企业战略到市场开拓、营销、品牌、模式等	来源于实践中的思考，有启发
	变局下的农牧企业 9 大成长策略 彭志雄　著	食品安全、纵向延伸、横向联合、品牌建设……	唯一的农牧企业经营实操的书，农牧企业一定要看

续表

医药	**新医改下的医药营销与团队管理** 史立臣　著	探讨新医改对医药行业的系列影响和医药团队管理	帮助理清思路,有一个框架
	医药营销与处方药学术推广 马宝琳　著	如何用医学策划把“平民产品”变成“明星产品”	有真货、讲真话的作者,堪称处方药营销的经典!
	新医改了,药店就要这样开 尚　锋　著	药店经营、管理、营销全攻略	有很强的实战性和可操作性
	电商来了,实体药店如何突围 尚　锋　著	电商崛起,药店该如何突围?本书从促销、会员服务、专业性、客单价等多重角度给出了指导方向	实战攻略,拿来就能用
	在中国,医药营销这样做:时代方略精选文集 段继东　主编	专注于医药营销咨询15年,将医药营销方法的精华文章合编,深入全面	可谓医药营销领域的顶尖著作,医药界读者的必读书
	OTC医药代表药店开发与维护 鄢圣安　著	要做到一名专业的医药代表,需要做什么、准备什么、知识储备、操作技巧等	医药代表药店拜访的指导手册,手把手教你快速上手
	引爆药店成交率1:店员导购实战 范月明　著	一本书解决药店导购所有难题	情景化、真实化、实战化
	引爆药店成交率2:经营落地实战 范月明　著	最接地气的经营方法全指导	揭示了药店经营的几类关键问题
	医药企业转型升级战略 史立臣　著	药企转型升级有5大途径,并给出落地步骤及风险控制方法	实操性强,有作者个人经验总结及分析
建材家居	**建材家居营销实务** 程绍珊　杨鸿贵　主编	价值营销运用到建材家居,每一步都让客户增值	有自己的系统、实战
	建材家居门店销量提升 贾同领　著	店面选址、广告投放、推广助销、空间布局、生动展示、店面运营等	门店销量提升是一个系统工程,非常系统、实战
	10步成为最棒的建材家居门店店长 徐伟泽　著	实际方法易学易用,让员工能够迅速成长,成为独当一面的好店长	只要坚持这样干,一定能成为好店长
	手把手帮建材家居导购业绩倍增:成为顶尖的门店店员 熊亚柱　著	生动的表现形式,让普通人也能成为优秀的导购员,让门店业绩长红	读着有趣,用着简单,一本在手、业绩无忧
	建材家居经销商实战42章经 王庆云　著	告诉经销商:老板怎么当、团队怎么带、生意怎么做	忠言逆耳,看着不舒服就对了,实战总结,用一招半式就值了
工业品	**解决方案营销实战案例** 刘祖轲　著	用10个真案例讲明白什么是工业品的解决方案式营销,实战、实用	有干货、真正操作过的才能写得出来
	变局下的工业品企业7大机遇 叶敦明　著	产业链条的整合机会、盈利模式的复制机会、营销红利的机会、工业服务商转型机会……	工业品企业还可以这样做,思维大突破
	工业品市场部实战全指导 杜　忠　著	工业品市场部经理工作内容全指导	系统、全面、有理论、有方法,帮助工业品市场部经理更快提升专业能力
	工业品营销管理实务 李洪道　著	中国特色工业品营销体系的全面深化、工业品营销管理体系优化升级	工具更实战,案例更鲜活,内容更深化
	工业品企业如何做品牌 张东利　著	为工业品企业提供最全面的品牌建设思路	有策略、有方法、有思路、有工具
	丁兴良讲工业4.0 丁兴良　著	没有枯燥的理论和说教,用朴实直白的语言告诉你工业4.0的全貌	工业4.0是什么?本书告诉你答案
	大客户营销,好策略带动强执行 叶敦明　著	从业务开发、发起攻势、关系培育、职业成长四个方面,详述了大客户营销的精髓	满满的全是干货
	营销取胜靠订单:订单驱动下的工业品营销实践 唐道明　著	其实,所有的企业都在围绕着两个字在开展全部的经营和管理工作,那就是“订单”	开发订单、满足订单、扩大订单。本书全是实操方法,字字珠玑、句句干货,教你获得营销的胜利

续表

金融	**交易心理分析** (美)马克·道格拉斯　著 刘真如　译	作者一语道破赢家的思考方式,并提供了具体的训练方法	不愧是投资心理的第一书,绝对经典
	精品银行管理之道 崔海鹏　何　屹　主编	中小银行转型的实战经验总结	中小银行的教材很多,实战类的书很少,可以看看
	支付战争 Eric M. Jackson　著 徐　彬　王　晓　译	PayPal 创业期营销官,亲身讲述 PayPal 从诞生到壮大到成功出售的整个历史	激烈、有趣的内幕商战故事!了解美国支付市场的风云巨变
房地产	**产业园区/产业地产规划、招商、运营实战** 阎立忠　著	目前中国第一本系统解读产业园区和产业地产建设运营的实战宝典	从认知、策划、招商到运营全面了解地产策划
	人文商业地产策划 戴欣明　著	城市与商业地产战略定位的关键是不可复制性,要发现独一无二的"味道"	突破千城一面的策划困局

经营类:企业如何赚钱,如何抓机会,如何突破,如何"开源"

	书名. 作者	内容/特色	读者价值
抓方向	**让经营回归简单. 升级版** 宋新宇　著	化繁为简抓住经营本质:战略、客户、产品、员工、成长	经典,做企业就这几个关键点!
	公司由小到大要过哪些坎 卢　强　著	老板手里的一张"企业成长路线图"	现在我在哪儿,未来还要走哪些路,都清楚了
	企业二次创业成功路线图 夏惊鸣　著	企业曾经抓住机会成功了,但下一步该怎么办?	企业怎样获得第二次成功,心里有个大框架了
	老板经理人双赢之道 陈　明　著	经理人怎养选平台、怎么开局,老板怎样选/育/用/留	老板生闷气,经理人牢骚大,这次知道该怎么办了
	简单思考:AMT 咨询创始人自述 孔祥云　著	著名咨询公司(AMT)的 CEO 创业历程中点点滴滴的经验与思考	每一位咨询人,每一位创业者和管理经营者,都值得一读
	企业文化的逻辑 王祥伍　黄健江　著	为什么企业绩效如此不同,解开绩效背后的文化密码	少有的深刻,有品质,读起来很流畅
	使命驱动企业成长 高可为　著	钱能让一个人今天努力,使命能让一群人长期努力	对于想做事业的人,'使命'是绕不过去的
思维突破	**移动互联新玩法:未来商业的格局和趋势** 史贤龙　著	传统商业、电商、移动互联,三个世界并存,这种新格局的玩法一定要懂	看清热点的本质,把握行业先机,一本书搞定移动互联网
	画出公司的互联网进化路线图:用互联网思维重塑产品、客户和价值 李　蓓　著	18 个问题帮助企业一步步梳理出互联网转型思路	思路清晰、案例丰富,非常有启发性
	重生战略:移动互联网和大数据时代的转型法则 沈　拓　著	在移动互联网和大数据时代,传统企业转型如同生命体打算与再造,称之为"重生战略"	帮助企业认清移动互联网环境下的变化和应对之道
	创造增量市场:传统企业互联网转型之道 刘红明　著	传统企业需要用互联网思维去创造增量,而不是用电子商务去转移传统业务的存量	教你怎么在"互联网 +"的海洋中创造实实在在的增量
	7 个转变,让公司 3 年胜出 李　蓓　著	消费者主权时代,企业该怎么办	这就是互联网思维,老板有能这样想,肯定倒不了
	跳出同质思维,从跟随到领先 郭　剑　著	66 个精彩案例剖析,帮助老板突破行业长期思维惯性	做企业竟然有这么多玩法,开眼界
	麻烦就是需求　难题就是商机 卢根鑫　著	如何借助客户的眼睛发现商机	什么是真商机,怎么判断、怎么抓,有借鉴
	互联网 +"变"与"不变":本土管理实践与创新论坛集萃·2016 本土管理实践与创新论坛　著	加速本土管理思想的孕育诞生,促进本土管理创新成果更好地服务企业、贡献社会	各个作者本年度最新思想,帮助读者拓宽眼界、突破思维

续表

管理类:效率如何提升,如何实现经营目标,如何“节流”			
	书名. 作者	内容/特色	读者价值
通用管理	1. 让管理回归简单. 升级版 2. 让经营回归简单. 升级版 3. 让用人回归简单 宋新宇 著	宋博士的“简单”三部曲,影响20万读者,非常经典	被读者热情地称作“中小企业的管理圣经”
	边干边学做老板 黄中强 著	创业20多年的老板,有经验、能写、又愿意分享,这样的书很少	处处共鸣,帮助中小企业老板少走弯路
	阿米巴经营的中国模式 李志华 著	让员工从“要我干”到“我要干”,价值量化出来	阿米巴在企业如何落地,明白思路了
	阿米巴中国落地实践三部曲之科学划分阿米巴 胡八一 著	重点讲解如何科学划分阿米巴单元,阐述划分的实操要领、思路、方法、技术与工具	最大限度减少“推行风险”和“摸索成本”,利于公司成功搭建适合自身的个性化阿米巴经营体系
	欧博心法:好管理靠修行 曾 伟 著	用佛家的智慧,深刻剖析管理问题,见解独到	如果真的有‘中国式管理’,曾老师是其中标志性人物
流程管理	1. 用流程解放管理者 2. 用流程解放管理者2 张国祥 著	中小企业阅读的流程管理、企业规范化的书	通俗易懂,理论和实践的结合恰到好处
	跟我们学建流程体系 陈立云 著	畅销书《跟我们学做流程管理》系列,更实操,更细致,更深入	更多地分享实践,分享感悟,从实践总结出来的方法论
战略落地	公司大了怎么管:从靠英雄到靠组织 AMT金国华 著	第一次详尽阐释中国快速成长型企业的特点、问题及解决之道	帮助快速成长型企业领导及管理团队理清思路,突破瓶颈
	低效会议怎么改:每年节省一半会议成本的秘密 AMT王玉荣 著	教你如何系统规划公司的各级会议,一本工具书	教会你科学管理会议的办法
	年初订计划,年尾有结果:战略落地七步成诗 AMT郭晓 著	7个步骤教会你怎么让公司制定的战略转变为行动	系统规划,有效指导计划实现
企业案例·老板传记	宗:一位制造业企业家的思考 杨 涛 著	1993年创业,引领企业平稳发展20多年,分享独到的心得体会	难得的一本老板分享经验的书
	简单思考:AMT咨询创始人自述 孔祥云 著	著名咨询公司(AMT)的CEO创业历程中点点滴滴的经验与思考	每一位咨询人,每一位创业者和管理经营者,都值得一读
	六个核桃凭什么:从0过100亿 张学军 著	首部全面揭秘养元六个核桃裂变式成长的巨著	学习优秀企业的成长路径,了解其背后的理论体系
	三四线城市超市如何快速成长:解密甘雨亭 IBMG国际商业管理集团 著	国内外标杆企业的经验+本土实践量化数据+操作步骤、方法	通俗易懂,行业经验丰富,宝贵的行业量化数据,关键思路和步骤
	中国首家未来超市:解密安徽乐城 IBMG国际商业管理集团 著	本书深入挖掘了安徽乐城超市的试验案例,为零售企业未来的发展提供了一条可借鉴之路	通俗易懂,行业经验丰富,宝贵的行业量化数据,关键思路和步骤
	借力咨询:德邦成长背后的秘密 官同良 王祥伍 著	讲述德邦是如何借助咨询公司的力量进行自身 与发展的	来自德邦内部的第一线资料,真实、珍贵,令人受益匪浅
人力资源	回归本源看绩效 孙 波 著	让绩效回顾“改进工具”的本源,真正为企业所用	确实是来源于实践的思考,有共鸣
	曹子祥教你做绩效管理 曹子祥 著	复杂的理论通俗化,专业的知识简单化,企业绩效管理共性问题的解决方案	轻松掌握绩效管理
	把招聘做到极致 远 鸣 著	作为世界500强高级招聘经理,作者数十年招聘经验的总结分享	带来职场思考境界的提升和具体招聘方法的学习
	人才评价中心. 超级漫画版 邢 雷 著	专业的主题,漫画的形式,只此一本	没想到一本专业的书,能写成这效果

续表

人力资源	**走出薪酬管理误区** 全怀周　著	剖析薪酬管理的 8 大误区，真正发挥好枢纽作用	值得企业深读的实用教案
	集团化人力资源管理实践 李小勇　著	对搭建集团化的企业很有帮助，务实，实用	最大的亮点不是理论，而是结合实际的深入剖析
	我的人力资源咨询笔记 张　伟　著	管理咨询师的视角，思考企业的 HR 管理	通过咨询师的眼睛对比很多企业，有启发
	本土化人力资源管理 8 大思维 周　剑　著	成熟 HR 理论，在本土中小企业实践中的探索和思考	对企业的现实困境有真切体会，有启发
	HRBP 是这样炼成的之“菜鸟起飞” 新　海　著	以小说的形式，具体解析 HRBP 的职责，应该如何操作，如何为业务服务	实践者的经验分享，内容实务具体，形式有趣
企业文化	**华夏基石方法：企业文化落地本土实践** 王祥伍　谭俊峰　著	十年积累、原创方法、一线资料，和盘托出	在文化落地方面真正有洞察，有实操价值的书
	企业文化的逻辑 王祥伍　著	为什么企业之间如此不同，解开绩效背后的文化密码	少有的深刻，有品质，读起来很流畅
	企业文化激活沟通 宋杼宸　安　琪　著	透过新任 HR 总经理的眼睛，揭示出沟通与企业文化的关系	有实际指导作用的文化落地读本
	在组织中绽放自我：从专业化到职业化 朱仁健　王祥伍　著	个人如何融入组织，组织如何助力个人成长	帮助企业员工快速认同并投入到组织中去，为企业发展贡献力量
	企业文化定位·落地一本通 王明胤　著	把高深枯燥的专业理论创建成一套系统化、实操化、简单化的企业文化缔造方法	对企业文化不了解，不会做？有这一本从概念到实操，就够了
生产管理	**高员工流失率下的精益生产** 余伟辉　著	中国的精益生产必须面对和解决高员工流失率问题	确实来源于本土的工厂车间，很务实
	车间人员管理那些事儿 岑立聪　著	车间人员管理中处理各种“疑难杂症”的经验和方法	基层车间管理者最闹心、头疼的事，‘打包’解决
	1. **欧博心法：好管理靠修行** 2. **欧博心法：好工厂这样管** 曾　伟　著	他是本土最大的制造业管理咨询机构创始人，他从 400 多个项目、上万家企业实践中锤炼出的欧博心法	中小制造型企业，一定会有很强的共鸣
	欧博工厂案例 1：生产计划管控对话录 **欧博工厂案例 2：品质技术改善对话录** **欧博工厂案例 3：员工执行力提升对话录** 曾　伟　著	最典型的问题、最详尽的解析，工厂管理 9 大问题 27 个经典案例	没想到说得这么细，超出想象，案例很典型，照搬都可以了
	苦中得乐：管理者的第一堂必修课 曾　伟　编著	曾伟与师傅大愿法师的对话，佛学与管理实践的碰撞，管理禅的修行之道	用佛学最高智慧看透管理
	比日本工厂更高效 1：管理提升无极限 刘承元　著	指出制造型企业管理的六大积弊；颠覆流行的错误认知；掌握精益管理的精髓	每一个企业都有自己不同的问题，管理没有一剑封喉的秘笈，要从现场、现物、现实出发
	比日本工厂更高效 2：超强经营力 刘承元　著	企业要获得持续盈利，就要开源和节流，即实现销售最大化，费用最小化	掌握提升工厂效率的全新方法
	比日本工厂更高效 3：精益改善力的成功实践 刘承元　著	工厂全面改善系统有其独特的目的取向特征，着眼于企业经营体质（持续竞争力）的建设与提升	用持续改善力来飞速提升工厂的效率，高效率能够带来意想不到的高效益
	3A 顾问精益实践 1：IE 与效率提升 党新民　苏迎斌　蓝旭日　著	系统的阐述了 IE 技术的来龙去脉以及操作方法	使员工与企业持续获利

续表

员工素质提升	**跟老板"偷师"学创业** 吴江萍　余晓雷　著	边学边干,边观察边成长,你也可以当老板	不同于其他类型的创业书,让你在工作中积累创业经验,一举成功
	销售轨迹:一位快消品营销总监的拼搏之路 秦国伟　著	本书讲述了一个普通销售员打拼成为跨国企业营销总监的真实奋斗历程	激励人心,给广大销售员以力量和鼓舞
	在组织中绽放自我:从专业化到职业化 朱仁健　王祥伍　著	个人如何融入组织,组织如何助力个人成长	帮助企业员工快速认同并投入到组织中去,为企业发展贡献力量
	企业员工弟子规:用心做小事,成就大事业 贾同领　著	从传统文化《弟子规》中学习企业中为人处事的办法,从自身做起	点滴小事,修养自身,从自身的改善得到事业的提升
	手把手教你做顶尖企业内训师:TTT培训师宝典 熊亚柱　著	从课程研发到现场把控、个人提升都有涉及,易读易懂,内容丰富全面	想要做企业内训师的员工有福了,本书教你如何抓住关键,从入门到精通

营销类:把客户需求融入企业各环节,提供"客户认为"有价值的东西

	书名．作者	内容/特色	读者价值
营销模式	**变局下的营销模式升级** 程绍珊　叶　宁　著	客户驱动模式、技术驱动模式、资源驱动模式	很多行业的营销模式被颠覆,调整的思路有了!
	卖轮子 科克斯【美】	小说版的营销学!营销理念巧妙贯穿其中,贵在既有趣,又有深度	经典、有趣!一个故事读懂营销精髓
	弱势品牌如何做营销 李政权　著	中小企业虽有品牌但没名气,营销照样能做的有声有色	没有丰富的实操经验,写不出这么具体、详实的案例和步骤,很有启发
	老板如何管营销 史贤龙　著	高段位营销16招,好学好用	老板能看,营销人也能看
	动销:产品是如何畅销起来的 吴江萍　余晓雷　著	真真切切告诉你,产品究竟怎么才能卖出去	击中痛点,提供方法,你值得拥有
组织和团队	**升级你的营销组织** 程绍珊　吴越舟　著	用"有机性"的营销组织替代"营销能人",营销团队变成"铁营盘"	营销队伍最难管,程老师不愧是营销第1操盘手,步骤方法都很成熟
	用数字解放营销人 黄润霖　著	通过量化帮助营销人员提高工作效率	作者很用心,很好的常备工具书
	成为优秀的快消品区域经理 伯建新　著	37个"怎么办"分析区域经理的工作关键点	可以作为区域经理的'速成催化器'
	一位销售经理的工作心得 蒋　军　著	一线营销管理人员想提升业绩却无从下手时,可以看看这本书	一线的真实感悟
	快消品营销:一位销售经理的工作心得2 蒋　军　著	快消品、食品饮料营销的经验之谈,重点突出	来源于实战的精华总结
	销售轨迹:一位快消品营销总监的拼搏之路 秦国伟　著	本书讲述了一个普通销售员打拼成为跨国企业营销总监的真实奋斗历程	激励人心,给广大销售员以力量和鼓舞
	用营销计划锁定胜局:用数字解放营销人2 黄润霖　著	全方位教你怎么做好营销计划,好学好用真简单	照搬套用就行,做营销计划再也不头痛
	快消品营销人的第一本书:从入门到精通 刘　雷　伯建新　著	快消行业必读书,从入门到专业	深入细致,易学易懂
营销案例	**解决方案营销实战案例** 刘祖轲　著	用10个真案例讲明白什么是工业品的解决方案式营销,实战、实用	有干货、真正操作过的才能写得出来
	招招见销量的营销常识 刘文新　著	如何让每一个营销动作都直指销量	适合中小企业,看了就能用

续表

营销案例	**我们的营销真案例** 联纵智达研究院　著	五芳斋粽子从区域到全国/诺贝尔瓷砖门店销量提升/利豪家具出口转内销/汤臣倍健的营销模式	选择的案例都很有代表性，实在、实操！
	中国营销战实录：令人拍案叫绝的营销真案例 联纵智达　著	51 个案例，42 家企业，38 万字，18 年，累计 2000 余人次参与……	最真实的营销案例，全是一线记录，开阔眼界
	双剑破局：沈坤营销策划案例集 沈　坤　著	双剑公司多年来的精选案例解析集，阐述了项目策划中每一个营销策略的诞生过程，策划角度和方法	一线真实案例，与众不同的策划角度令人拍案叫绝、受益匪浅
产品	**产品炼金术Ⅰ：如何打造畅销产品** 史贤龙　著	满足不同阶段、不同体量、不同行业企业对产品的完整需求	必须具备的思维和方法，避免在产品问题上走弯路
	产品炼金术Ⅱ：如何用产品驱动企业成长 史贤龙　著	做好产品、关注产品的品质，就是企业成功的第一步	必须具备的思维和方法，避免在产品问题上走弯路
	新产品开发管理，就用 IPD 郭富才　著	10 年 IPD 研发管理咨询总结，国内首部 IPD 专业著作	一本书掌握 IPD 管理精髓
品牌	**中小企业如何建品牌** 梁小平　著	中小企业建品牌的入门读本，通俗、易懂	对建品牌有了一个整体框架
	采纳方法：破解本土营销 8 大难题 朱玉童　编著	全面、系统、案例丰富、图文并茂	希望在品牌营销方面有所突破的人，应该看看
	中国品牌营销十三战法 朱玉童　编著	采纳 20 年来的品牌策划方法，同时配有大量的案例	众包方式写作，丰富案例给人启发，极具价值
	今后这样做品牌：移动互联时代的品牌营销策略 蒋军　著	与移动互联紧密结合，告诉你老方法还能不能用，新方法怎么用	今后这样做品牌就对了
	中小企业如何打造区域强势品牌 吴之　著	帮助区域的中小企业打造自身品牌，如何在强壮自身的基础上往外拓展	梳理误区，系统思考品牌问题，切实符合中小区域品牌的自身特点进行阐述
渠道通路	**快消品营销与渠道管理** 谭长春　著	将快消品标杆企业渠道管理的经验和方法分享出来	可口可乐、华润的一些具体的渠道管理经验，实战
	传统行业如何用网络拿订单 张　进　著	给老板看的第一本网络营销书	适合不懂网络技术的经营决策者看
	采纳方法：化解渠道冲突 朱玉童　编著	系统剖析渠道冲突，21 个渠道冲突案例、情景式讲解，37 篇讲义	系统、全面
	学话术　卖产品 张小虎　著	分析常见的顾客异议，将优秀的话术模块化	让普通导购员也能成为销售精英
	向高层销售：与决策者有效打交道 贺兵一　著	一套完整有效的销售策略	有工具，有方法，有案例，通俗易懂
	通路精耕操作全解：快消品 20 年实战精华 周　俊　陈小龙　著	通路精耕的详细全解，每一步的具体操作方法和表单全部无保留提供	康师傅二十年的经验和精华，实践证明的最有效方法，教你如何主宰通路

思想·文化

	书名. 作者	内容/特色	读者价值
思想·文化	**史幼波中庸讲记（上下册）** 史幼波　著	全面、深入浅出地揭示儒家中庸文化的真谛	儒释道三家思想融汇贯通
	史幼波心经讲记（上下册） 史幼波　著	句句精讲，句句透彻，佛法经典的多角度阐释	通俗易懂，将深刻的教理以浅显的语言讲出来
	史幼波大学讲记 史幼波　著	用儒释道的观点阐释大学的深刻思想	一本书读懂传统文化经典
	史幼波《周子通书》《太极图说》讲记 史幼波　著	把形而上的宇宙、天地，与形而下的社会、人生、经济、文化等融合在一起	将儒家的一整套学修系统融合起来

3A 工厂管理系列丛书

书名及作者	内容简介
比日本工厂更高效 1:管理提升无极限 刘承元　著	以精益管理为切入点,围绕制造类企业最关心的问题,从理论知识、实操指导、案例分析等多角度进行专业阐述,权威专业、可读性强。
比日本工厂更高效 2:超强经营力 刘承元　著	本书主要分析了在已经发生了根本变化的市场竞争环境下,企业经营压力越来越大的现实。指出企业要获得持续盈利,最根本的就是开源和节流,即销售最大化,费用最小化。绩效改进要从战略落地开始,企业要制定一个切实可行的经营计划以及确保计划顺利实施的各项管理指标,使之切实可行,即企业就必须构建一个可持续的全面创新经营架构。
比日本工厂更高效 3: 精益改善力的成功实践 刘承元　著	本书是由全程体验制造业管理的工厂管理专家写成的实用改善书籍。作者创造性地提出了工厂全面改善三大活动形式,并具体介绍了在企业内推进三大活动的程序和技巧,它能够在帮助企业解决经营管理难题的同时,帮助企业持续提升经营管理水平。
3A 顾问精益实践 1:IE 与效率提升 党新民　苏迎斌　蓝旭日　著	IE 工厂管理技术是一项提升工厂效率,使员工与企业持续获利的良好方法。本书系统的阐述了此技术的来龙去脉以及操作方法,值得广大工厂管理者借鉴学习。
3A 顾问精益实践 2:JIT 与精益改善 肖智军　党新民　著	与传统的大批量生产相比,精益生产只需要一半的人员、一半的生产场地、一半的投资、一半的生产周期时间、一半的产品开发时间和少得多的库存,就能生产品质更高、品种更多的产品。它的基本思想可用现在已广为流传的一句话来概括,即:Just In Time(JIT),中文即为"只在需要的时候,按需要的量,生产所需的产品"。本书将系统而全面的介绍这种生产方式。
3A 顾问精益实践 3:TPM 让设备更高效	效率提升与按需生产的落实依赖于生产设备的高效,TPM 管理,即"全员生产维修",70 年代起源于日本,是一种全员参与的生产维修方式,其主要点就在"生产维修"及"全员参与"上。通过建立一个全系统员工参与的生产维修活动,使设备性能达到最优。本书全面的介绍了 TPM 技术的理念与操作方法。